※資料來源：世界泡麵協會（WINA）2019年調查結果

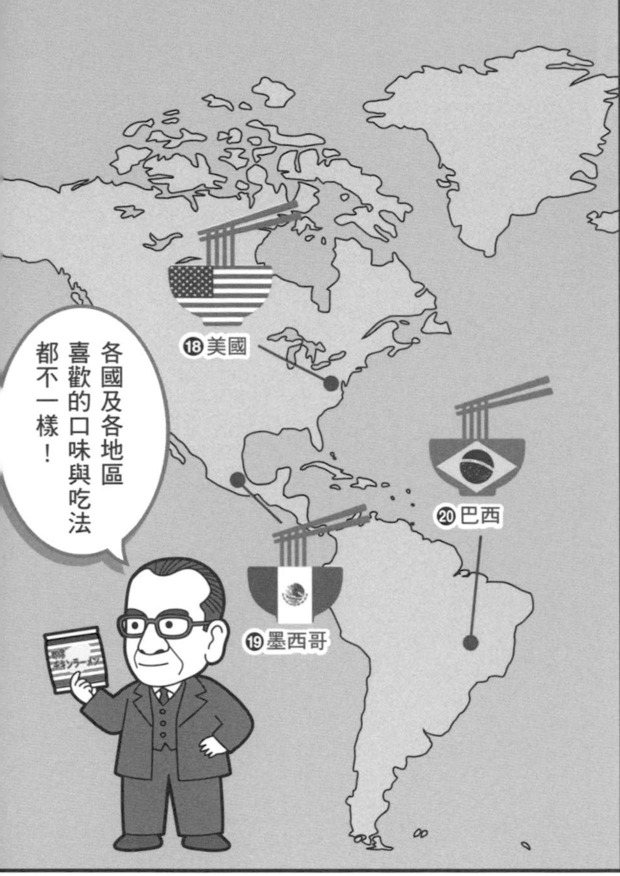

湯底種類

雞肉

可搭配所有調味料，也沒有宗教限制，任何人都能吃，因此深受全球喜愛。日清的合味道杯麵採用雞肉湯底就是這個原因。

豬肉

除了伊斯蘭國家之外，豬肉口味是最受歡迎的湯底口味。在中國、泰國與日本等東亞國家人氣高漲。

牛肉

中國和南韓的銷量雖然一般，但在歐洲、南北美洲大陸廣受歡迎，是許多國家與地區常見的泡麵口味。

海鮮

以亞洲國家為中心，深受全球喜愛。其中以蝦子風味發展得最多元，各國都有獨特配方，研發出獨特味道。

蔬菜

在印度、歐美等素食者較多的國家中，蔬菜湯底的泡麵頗具人氣。除了主流的番茄風味之外，還有特別的蘑菇風味。

⑪ **印尼**（125.4 億包／年）
印尼炒麵口味的泡麵最受歡迎。以蔬菜、雞肉和蝦子風味為主流，辣味泡麵也頗受歡迎。

⑫ **菲律賓**（39.8 億包／年）
柑橘類水果風味和辣味的菲式炒麵最受歡迎，為市場主流。湯麵則以海鮮風味最普遍。

⑬ **越南**（52.0 億包／年）
最受歡迎的是酸辣蝦麵，可添加洋蔥、檸檬與辣椒一起享用。

⑭ **台灣**（8.3 億包／年）
豬肉風味的泡麵最受歡迎，也有添加八角等「五香粉」或香菜等調味料的特色商品。

⑮ **中國**（402.5 億包／年）
以牛肉為湯底，添加肉桂和八角等「五香粉」的泡麵最普遍。香港則以海鮮風味泡麵賣得最好。

⑯ **南韓**（38.2 億包／年）
添加大量辣椒的泡麵為主流。湯底以牛肉和海鮮最受歡迎，麵體則以添加馬鈴薯澱粉的Q麵人氣最高。

⑰ **日本**（57.8 億包／年）
豚骨、雞骨、海鮮等湯底添加醬油調味的泡麵最普遍，蕎麥麵、烏龍麵與低熱量泡麵等商品種類也很豐富。

⑱ **美國**（44.0 億包／年）
雞肉風味泡麵最受歡迎。其他還包括牛肉、海鮮、蝦子、蔬菜風味等商品，選擇相當多樣。麵條較短，以湯匙或叉子享用。

⑲ **墨西哥**（11.8 億包／年）
蝦子、牛肉、雞肉等風味最受歡迎，擠上萊姆汁是墨西哥人最流行的吃法，通常墨西哥人會將泡麵當「湯」喝光。

⑳ **巴西**（23.7 億包／年）
最普遍的是雞肉與牛肉風味泡麵，巴西人喜歡重口味的鹹泡麵，以少量湯汁拌麵的商品最受歡迎。麵條口感近似義大利麵。

泡麵世界地圖

安藤百福發明的泡麵
深受世界各國喜愛！

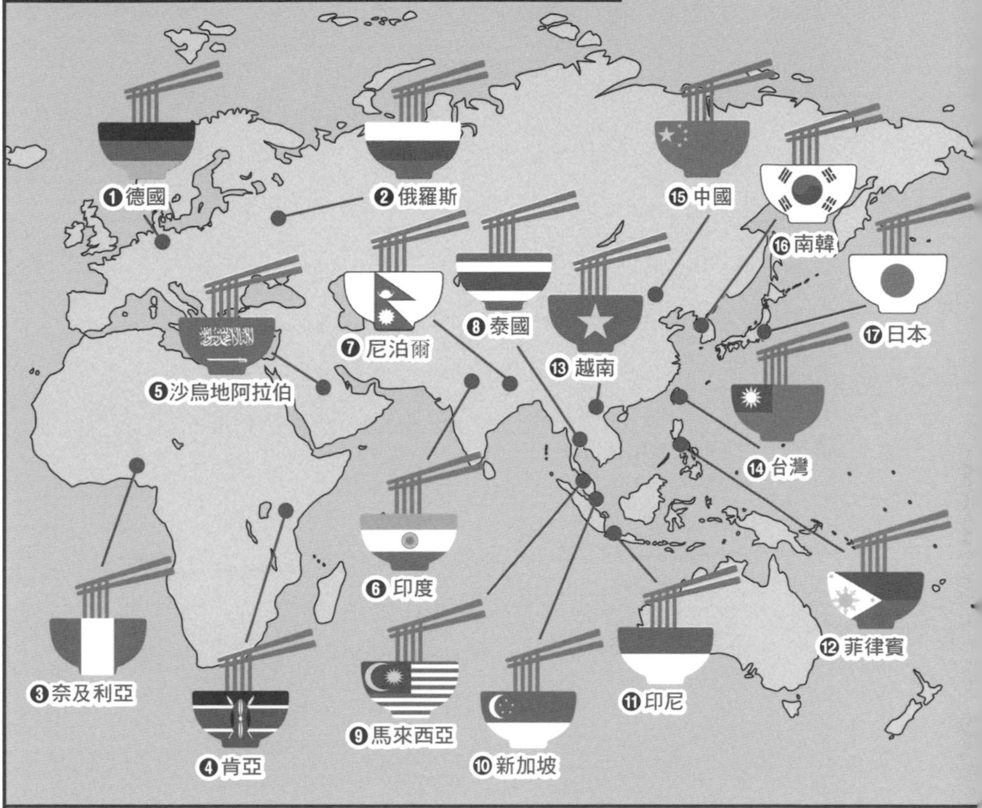

❶德國（2 億包／年）
以雞肉與牛肉風味為主，番茄風味和辣味泡麵也頗受歡迎。德國販售的泡麵為短麵，以湯匙或是叉子享用。

❷俄羅斯（18.5 億包／年）
以雞肉風味最受歡迎，在橫貫廣闊國土的臥鋪列車上也能吃到泡麵。俄國人最喜歡在杯麵裡淋上美乃滋享用。

❸奈及利亞（18.2 億包／年）
雞肉風味為主流。民眾喜歡以較少的水煮泡麵，除了當早餐或零食吃之外，學校也提供泡麵當午餐。

❹肯亞（0.5 億包／年）
以雞肉風味為主流。肯亞人喜歡以較少的水煮麵，再加入蔬菜、豆類等食材一起享用。

❺沙烏地阿拉伯（5.5 億包／年）
雞肉風味最受歡迎。由於伊斯蘭教徒飲食限制較嚴格，因此還推出清真認證泡麵，讓伊斯蘭教徒安心食用。

❻印度（60.6 億包／年）
受到宗教影響，印度人大多吃素，因此以蔬菜泡麵為主流。咖哩風味最受歡迎，印度人吃泡麵習慣少湯多麵。

❼尼泊爾（15.7 億包／年）
尼泊爾人喜歡吃雞肉或蔬菜湯底加辣的泡麵，也習慣將麵體調味後生吃，當零食享用。

❽泰國（34.6 億包／年）
味道偏向泰式料理的泡麵最受歡迎，例如海鮮湯底的泰式酸辣湯風味泡麵。泰國泡麵通常較辣，也有速食米粉與河粉等商品。

❾馬來西亞（13.7 億包／年）
以咖哩風味和泰式酸辣湯風味最受歡迎，印尼炒麵類的乾麵商品也很普遍。受到宗教影響，市面上很少看到豬肉或牛肉風味泡麵。

❿新加坡（1.3 億包／年）
各民族都愛吃的雞肉與咖哩風味人氣最高，也有新加坡經典料理叻沙風味泡麵。

安藤百福攝影館

❖「雞湯拉麵」的研究小屋

位於安藤自家後院的小屋是研發出創世紀商品的地方。
（照片是大阪池田的合味道紀念館裡的復刻小屋。）

歷史就是從這裡開始——

❖成功研發「雞湯拉麵」時期的全家福

（左起）妻子仁子、兒子宏基、仁子的母親須磨、女兒明美，以及百福。
（約一九五八年）

1958年～ 走在時代最前端的「雞湯拉麵」

❖研究小屋的內部

安藤百福整日在此埋首於研究，幾乎足不出戶。

❖當時十分罕見的電視廣告

效果絕佳，許多消費者都有看到這部廣告，讓泡麵銷量大增。

チキンラーメン偽造団

本物そっくりの包装
粗悪品つめ流す
スーパーなどへ30万袋

❖山寨廠商的新聞報導

由於大受歡迎，市面上出現許多山寨廠商推出假的「雞湯拉麵」，在當時喧騰一時。

❖剛上市時的「雞湯拉麵」

由於是大家都很陌生的新商品，為了讓消費者安心，外包裝設計成可以看見麵體的模樣。

1971年～

在日本引起社會現象的「合味道杯麵」

❖漫步在銀座街頭的年輕人

合味道深受對於流行敏感度高的年輕族群喜愛。

◀甚至還開發出可供應熱水的杯麵專用自動販賣機。

❖剛上市的「合味道杯麵」

直到現在，包裝設計依舊沒變。

❖慰勞受災民眾

將附設熱水設備的雞湯拉麵號送往災區，讓受災民眾也能享用熱騰騰的泡麵。（照片為 2011 年 311 大地震的現場實況）

❖掀起搶購熱潮的淺間山莊事件

新聞直播該新聞事件時，畫面上出現了日本警視廳機動隊隊員吃杯麵的片段，吸引民眾目光，掀起了全國性搶購熱潮。

2005年～

太空泡麵「Space-Ram」

❖飛向宇宙的即食泡麵

平安返回地球的太空人野口聰一與安藤百福握手合影。

▲太空泡麵的麵體為約一口大小的圓筒狀，濃稠的麵湯即使在無重力的空間也不會飛散，是獨具巧思的太空食品。

日清食品版

你喜歡哪一款？泡麵圖鑑

如今泡麵已不是單純的泡麵，口味種類豐富多樣。告訴我，你最想吃哪一款？

傳統袋裝泡麵

雞湯拉麵

倒入熱水後燜 3 分鐘，或放入鍋中煮 1 分鐘即可。麵體上還有蛋黃與蛋白專用的雞蛋凹槽！

出前一丁

內附香氣逼人的美味芝麻辣油包。麻辣油包約含 1000 顆份的芝麻素。

想吃蕎麥麵與烏龍麵就買這個！

日清咚兵衛 腐皮碗烏冬

使用 100%整顆大豆的柔軟「腐皮」，味道濃郁的即食烏龍麵。

日清咚兵衛 天婦羅碗蕎麥

高湯與純大豆醬油的醇厚味道，泡好後放上口感酥脆的天婦羅。

合味道四大天王

合味道 海鮮味

以豬肉為基底，添加海鮮風味，每一口湯都能品嘗美味。

合味道 辣番茄風味

辣椒的辛辣味道加上番茄的甜味與酸味，交織出和諧美味。

合味道 咖哩風味

口感溫和濃稠的咖哩湯汁，盡享蔬菜甜味。

合味道（醬油風味）

胡椒味道鮮明，口感濃郁的獨創醬油風味湯底。無人能撼動的人氣熱銷商品。

口感Q彈 非油炸麵

日清拉麵王豬油濃醬油

越嚼越能感受小麥香氣的 Q 彈麵條，醬油湯底充滿豬背脂的鮮味與醇厚美味。

日清炒麵

辛辣的特製醬汁，令人垂涎三尺的長銷商品。

日清 U.F.O. 炒麵

濃濃醬汁充滿豐富美味，大片高麗菜與豬肉片，分量十足。

炒麵雙巨頭！

進化成速食杯飯

日清咖哩杯飯 牛肉風味

濃郁的辛辣味道加上洋蔥的鮮甜味，可以吃到正統的咖哩牛肉風味。

※ 外包裝為日本 2019 年的商品設計。

超學習大人物養成漫畫

泡麵發明家

安藤百福

◉漫畫
田中顯

◉編撰
水野光博

◉翻譯
游韻馨

大人物養成漫畫 安藤百福

目錄

◉主要登場人物◉

祖父
養育百福的祖父，教百福做生意的樂趣所在。

安藤仁子
百福的妻子，一直在百福身邊支持他的所有挑戰。

安藤百福
發明全世界第一款泡麵，掀起飲食文化革命。日清食品創辦人。

有本邦太郎
厚生省（現為厚生勞動省）營養課課長。給百福發明泡麵的機會。

安藤宏基
百福的兒子，現為日清食品控股公司社長兼 CEO。

※第一一八頁上方商品左上起順時鐘為「北京拉麵」（Acecook）、「明星調味拉麵」（明星食品）、「東印拉麵（調味）」（東洋水產）、「Piyopiyo 拉麵」（三洋食品）。下方商品左上至右為「出前一丁」、「日清拉麵王　醬油五袋裝」（皆為日清食品）、「Maruchan 正麵醬油味」（東洋水產）、「札幌一番味噌拉麵」（三洋食品）、「明星嗩吶醬油拉麵五袋裝」（明星食品）、「餛飩麵五袋裝」、「海帶芽拉麵（袋裝）　清爽醬油味」（皆為Acecook）。

※後扉頁的照片為合味道紀念館橫濱館的展示品。

佐南正司

三菱商事社員。是雞湯拉麵普及民間的幕後推手。

野口聰一

太空人。在國際太空站吃太空泡麵「Space-Ram」。

後記／安藤宏基（日清食品控股株式會社社長兼 CEO）
漫畫／田中顯
編撰／水野光博
協力／日清食品控股株式會社
照片／日清食品控股株式會社、株式會社文藝春秋、横田紋子、黑石 AMI（小學館）
插圖／田中顯、駒村美穗子
校閱／麥秋 Art Center
編輯／田伏優治（小學館）、平林杏子、渡邊剛司（銀杏社）

※漫畫原文的註釋參考《例解學習國語辭典》、《新選國語辭典》（皆為小學館）內容。

序章　充滿回憶的拉麵攤販

一九四五年冬天，大阪梅田車站附近——
ビュウウウウ～‥
既然到這附近了，過去看一下吧……
※颯～颯～
肉
市場
※發抖
受到戰爭*影響，大阪街頭百業蕭條、民不聊生……
ガクガク…
安藤百福

*戰爭：這裡的戰爭是指二次世界大戰中由美國、英國等國家組成的同盟國對抗日本在東亞發動的太平洋戰爭，最後日本戰敗。

※大排長龍

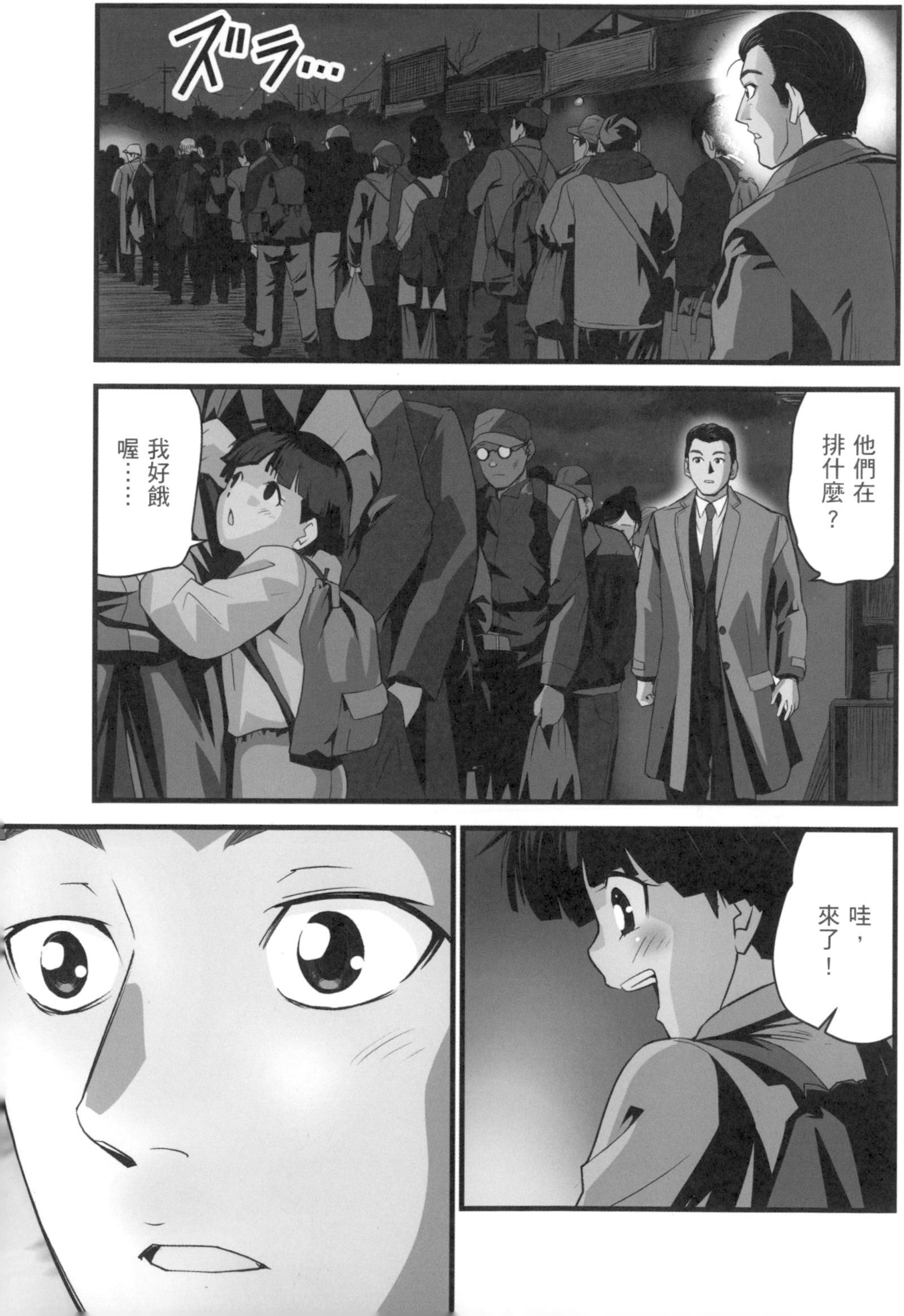
ズラ…
他們在排什麼？
我好餓喔……
哇，來了！

在日本國內的
年銷售量＊
約五十八億包，
全球年銷售量約
一千億包——
＊年銷售量：這裡的數據引用自
2018 年的年銷售量。

ラーメン
在這個戰後出現的黑市*裡，安藤百福偶然的遇見了一個賣拉麵的小攤販，這是他發明出二十世紀最具代表性的革新商品──「泡麵」的契機。

*黑市：在戰後失序的社會狀況下，無視政府管制措施，偷偷販售商品的市集。

第一章　我變成一隻飢餓的豬

一九一〇年（明治四十三）。
隨著每七十六年造訪地球一次的哈雷彗星*逐漸接近，人類也陷入恐慌狀態。
聽說彗星的尾巴含有有毒氣體，它一靠近，所有人都會窒息而死！
這下糟了！我得趕快去買腳踏車輪胎，才有辦法呼吸！
スーハー スーハー
※吹～吹～
輪胎早就賣完了，買不到了！
喂，你們在幹嘛？
ぶくぶくぶく
※噗嚕噗嚕噗嚕
プハァ
※吁～
在練習閉氣啊！

*哈雷彗星：自古被視為凶兆的小型天體。當時傳說哈雷彗星最接近地球時，地球上的空氣會暫時消失。

＊台灣：日本在一八九四（明治二十七）年的甲午戰爭戰勝大清，隔年起直到一九四五（昭和二十）年，台灣是日本統治的地區。

※人聲鼎沸
不好意思。
來了！
ワイ
ワイ
※搭搭、搭搭
パチ
パチ
請您稍等一下！
※搭搭
パチ
嗯，和服與腰帶總共是……
百福從小就很會算數，他最喜歡的事就是打算盤。
哎喲，你在幫忙算錢啊？好乖喔！
沒有啦。
※唰～
スッ…
謝謝惠顧……

百福！你在幹嘛？
呃！爺爺！
你想坐櫃台還早呢！還不快去打掃店裡！
※靠近
爺爺十分嚴格，要求百福每天都要幫忙打掃、洗衣服、煮飯、跑腿，大小事情都要處理。當時的商家都是這樣教育小孩的。
儘管爺爺管得很嚴，百福還是很喜歡店裡的熱鬧氣氛，只要有時間就在一旁觀察大人們的一舉一動。
※唰～唰～
ジャッ
ジャッ
※熱騰騰
ホカホカ

我們去上學囉！
就讀高等小學*後，百福每天上學前都要親自準備自己和妹妹的午餐便當。
十四歲從高等小學畢業後……
這個月的營業收入增加了，比上個月賺錢……
パチ
パチ
※搭搭
百福！
ギクッ
※驚！
差不多該讓你顧店了。
ポン
※拍
好！

＊高等小學：讀完相當於義務教育的六年制一般小學後，繼續升學就讀的學校，相當於現在的國中。

百福正式在爺爺的和服店幫忙，
自然而然的學會做生意的基本觀念。
嗯……該選那一款才好？
※鞠躬
我可以提供您優惠折扣喔！
哇！真的嗎？
您一直關照我們，我們十分感謝。
※說悄悄話
我幫您包起來……
爺爺，
這樣一來，我們不就少賺錢了嗎？
百福，你聽好了……

做生意就是買賣雙方有來有往。
可是，若光由買方主導，或任由賣方提出要求，就不是好的生意買賣。
做生意最重要的是讓顧客開心。
讓顧客還想上門惠顧，千萬別忘了這一點。
我明白了，做生意原來有這麼深奧的學問啊！
在這個過程中，百福體會到做生意的有趣之處……

一九三〇年，百福二十歲。
您要借莎士比亞*嗎？
這樣的話，我推薦您這本世界文學全集！這本是這個月剛進的，還很新喔！
呃，這個……
你過來一下……
※噓
し～
這裡是圖書館，不是書店，不需要宣傳新書……
嗯嗯，抱歉……
百福也曾在朋友的介紹下，進入圖書館擔任圖書管理員，工作了一段時間。

*莎士比亞：活躍於十六世紀末到十七世紀初期的英國詩人、劇作家。

※靜悄悄
シ〜ン
老天爺
只會拯救那些
主動出擊的人*……
主動出擊
啊……
圖書管理員
每天都能讀
許多書，
我很滿意
現在的生活……
可是……
※人聲鼎沸
ガヤ
ガヤ..
這不是
我真正想做的
事情……

*這句話是莎士比亞留下的名言。

爺爺的
和服店現在
一定很忙……
我還是
想要……
パタ。。
※啪！
做生意！

當百福起心動念，
想要從商展開人生冒險，
便再也無法壓抑
自己的心，
於是辭去做了兩年的
圖書管理員工作。
在台北市成立了一間
專門販售襪子與
各類織品的公司
「東洋莫大小*」。
襪子
內衣
社長！
所有商品
又賣光了！
無論進多少貨
都不夠賣呢！
這就是我
要的結果！
下一步……
日東商會
カッターシャツ
タオル
隔年，百福將公司
移往紡織業蓬勃發展的
日本大阪，
設立「日東商會」，
開始日本與台灣之間的
貿易往來。

*莫大小：日文的意思為襪子類以及各種織品的古稱。

我要趁勝追擊，與日本最厲害的織品業者合作，擴大商業規模！
※啪
除了織品之外，百福也計畫從事養蠶事業*。
將自己的理想化為具體事業，成為許多人生活必需的商品……
做生意真的好好玩啊！
百福以創業家之姿邁出的第一步可說是一帆風順。
不料……
※咻～

*養蠶事業：飼養蠶，取蠶繭的絲以供做成絲織品。

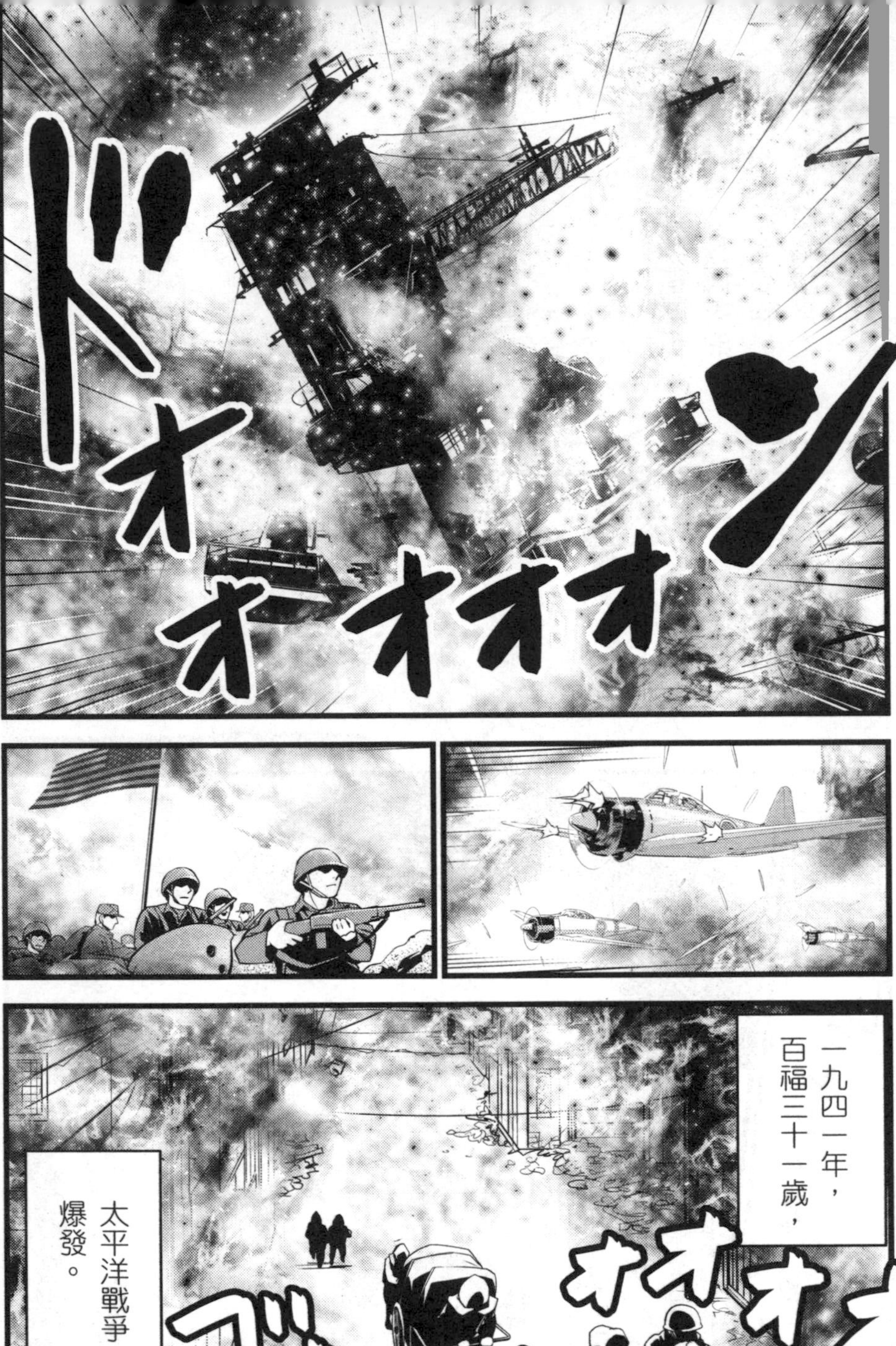
ドォオオオオン
一九四一年，百福三十一歲，
太平洋戰爭爆發。
ゴォオオオオオ

※轟～轟～

※轟轟轟

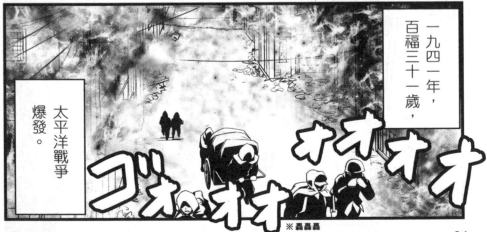

戰況一天比一天激烈，國家對於生活必需品的生產與消費管制也越來越嚴格。
百福的事業發展益發嚴峻，後來迫不得已，只能到兵庫縣的鄉下避難。
就算現在是避難狀態，我應該也能為大家做些什麼……
越來越多人從城市逃到鄉下避難，沒有家也沒有柴火……
※靈機一動
ピ
有了！
百福在避難地點買下二十五公頃的山林……

*二十五公頃：當時百福買的土地面積大約是五點五個東京巨蛋大小。

他利用山裡的木頭做成木炭，
同時也發展建築業，幫助村人搭建工法簡單的臨時住宅。
百福，真是謝謝你的幫忙。
無論任何時代，只要仔細觀察四周，尋找能為他人奉獻的事情，
絕對能找到發展事業的靈感與機會。
不久之後，百福和朋友共同經營軍用飛機引擎零件的製造工廠。
沒想到，有一天——
一台機器！一艘船艦！一發砲彈！都需要大量的電力才能製造。
日本的每個家庭如果在夜間關掉電燈，節省的電力能夠打造約
飛機三〇〇台 坦克三〇〇〇輛
電力即戰力！
大家一起節約用電吧！
晚上我們關掉電燈省電吧！
鐵和銅都是國家的必需物資
百福先生！

※開門

※驚！

怎麼這麼慌張？
發生什麼事？
庫存數量……
庫存數量
不對啊！
是算錯了嗎？
我已經算過
好幾次，
絕對沒錯……
一定是有人
偷偷從工廠
將物料
帶出去……
戰爭期間，製造軍用飛機的原物料是由國家統一管理配給。要是被人發現工廠的原物料被人擅自帶出，不曉得會受到什麼樣的懲罰。
要是隱瞞不報，
後果將不堪設想……
看來只能通報憲兵了。
可是，
要是他們
懷疑你
的話……
不要擔心，
我們沒做
虧心事，
不會有事的……
孰料——

※轟隆隆

＊憲兵：專門管束軍隊的特別部隊。後來連一般市民也成為憲兵管束的目標，在日本有「讓哭鬧的孩子立刻閉嘴的憲兵隊」之稱。

你這傢伙！別想脫罪，拿別人墊背！
バァ
※磅
我沒有，絕對沒有……
ゴロゴロ…
※轟隆隆
說再多也沒用！東西一定是你偷的！
カッ
※轟
我沒有說謊，我說的是真的！
……好樣的。既然你不認錯，我也有辦法治你。
パシッ
※啪

※哐啷
※咚
どん
ガチャン
在說出實話之前，
你別想從裡面走出來。
可惡……
為什麼事情
會變成這樣？
ぐぐ…
※呃～
※揮棒
百福被連續
嚴刑拷打了好幾天。
バキッ
ドカッ
※毆打
我絕對不認自己
沒做的事……
絕對不做
虛假的自白。

※軟爛
除了拷問之外，另一件事
也讓百福受苦……
ぐちゃ…
吃飯啦！
可惡……
這種不乾淨的東西我才不吃……
乾脆絕食讓自己生病，
這樣還爽快一點……
怎麼啦？
你不吃的話，
我吃囉！
……
就這樣，
百福什麼也不吃，
每天接受嚴刑拷打，
過著痛苦的日子。

有一天……
ハァ
※呃～
ハァ
※呃～
……
ハァ
※呃～
我說你啊，多少吃一點，不然會死喔！
……
百福的體力已經到達極限
ハァ
※呃…
你的飯我放在這裡喔！
ぐっ～
コト‥
※放下
呃……

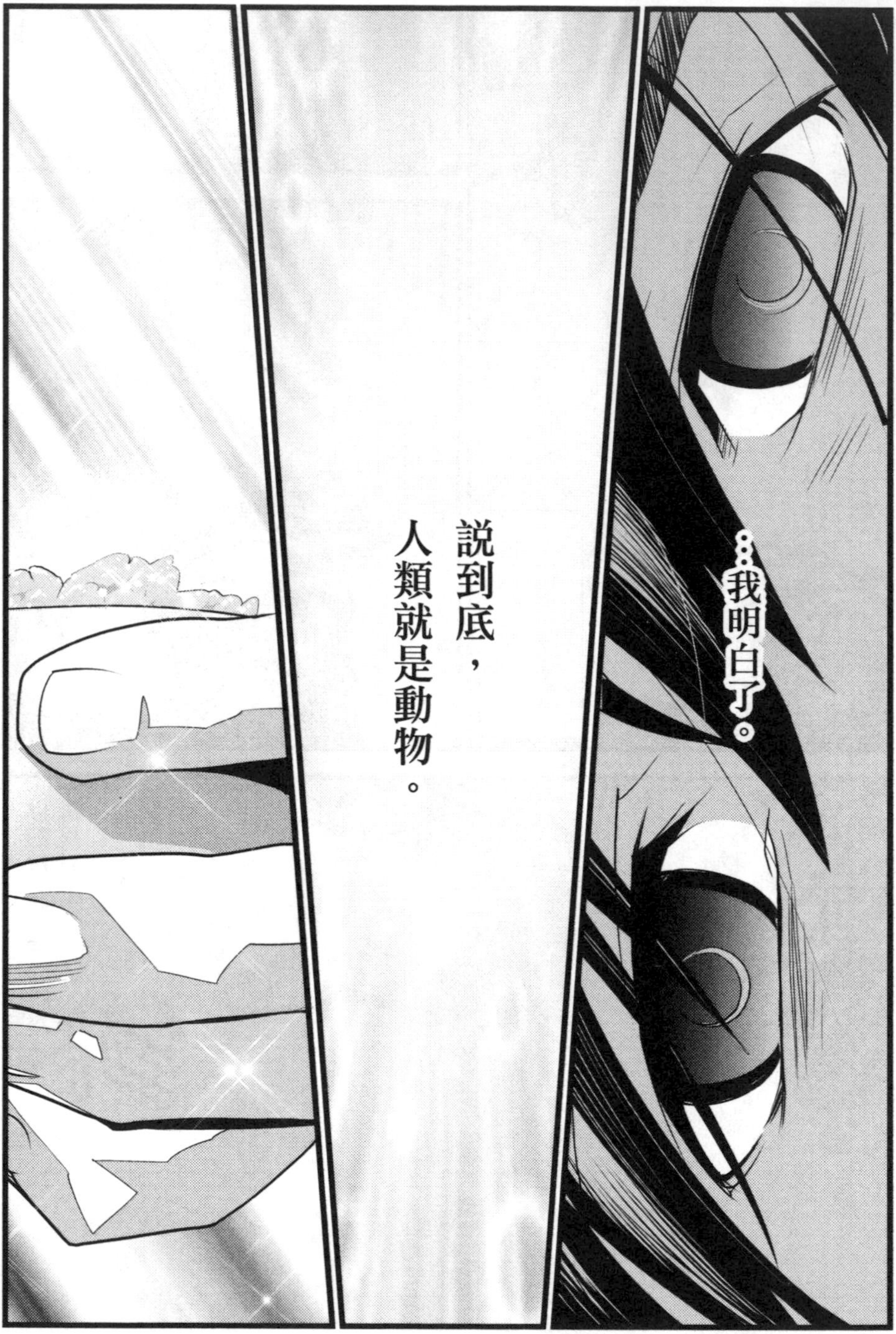
……我明白了。
說到底，
人類就是動物。

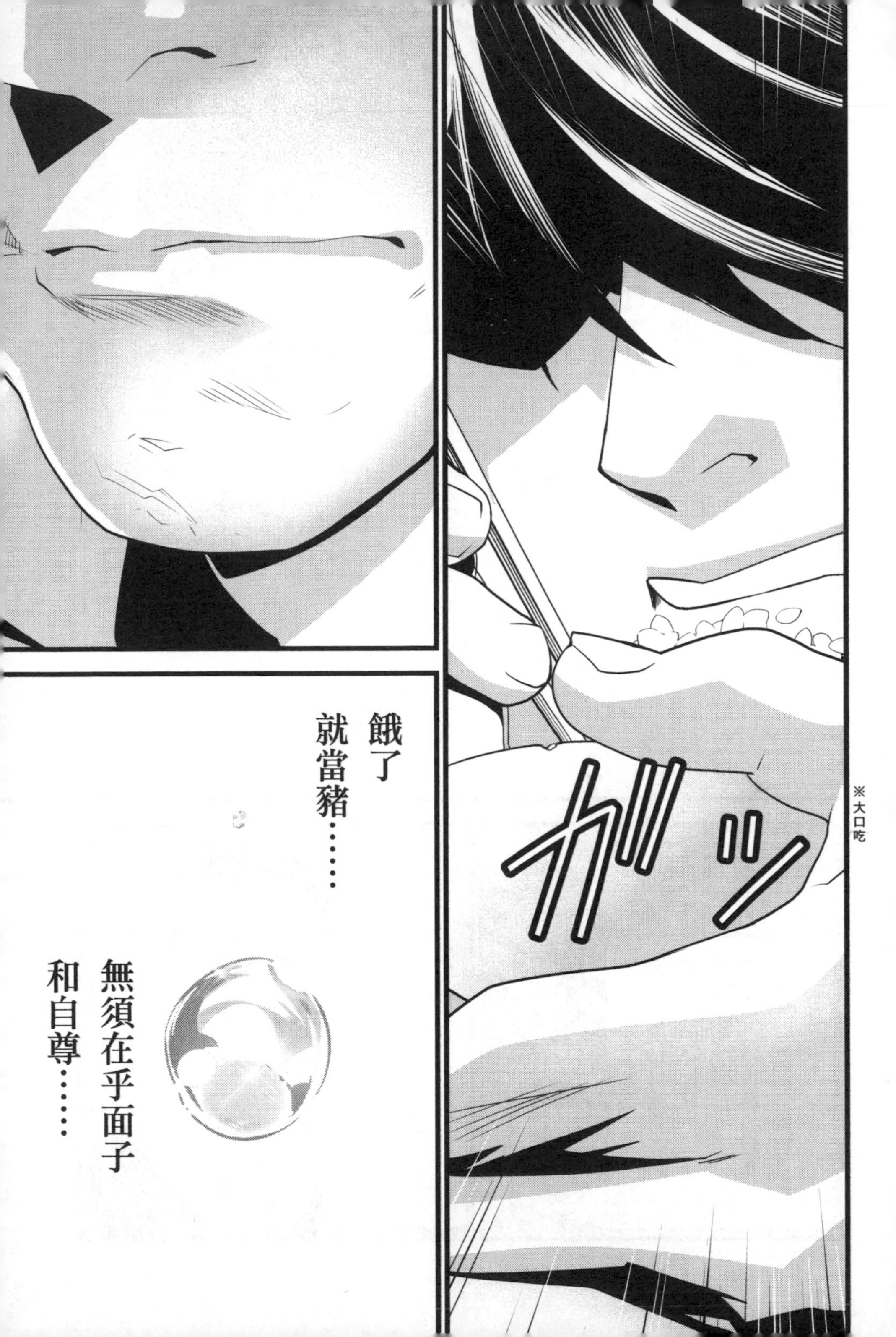
※大口吃
ガッ
餓了
就當豬……
無須在乎面子
和自尊……

我從沒想過食物是
如此值得感謝的東西——
拘留一個半月後，
在百福的朋友
前陸軍中將
井上安正的奔走下，
百福獲得釋放。
後來百福才知道，
偷偷將資材帶出工廠的人，
就是與他一起
經營工廠的夥伴。
對方與擔任憲兵的親戚
共謀，企圖將罪嫌推到
百福身上。

這個經驗讓百福領悟到一件事。
我們人活著，

就是要吃——

第二章　喚醒的記憶
一九四五年，百福三十五歲。
獲知戰敗*的隔天，百福從避難地兵庫縣搭乘火車，前往大阪，一窺戰後的樣貌。
※喀噠、喀噠
ガタン
大阪街道不曉得變成什麼樣子了？
ゴトン
而他身邊坐著一名女性——
※緊握
ぎゅっ

＊戰敗：日本在第二次世界大戰中無條件投降。

那是在我被釋放後，過了一段時間發生的事情……
京都 都飯店
井上先生，好久不見！
今天找你來，是要介紹一個人給你認識。
這樣啊……
你還是那麼忙啊！
就是那位在櫃台的……

仁子小姐。
一見鍾情！

從那天起，百福展開熱烈的追求，
開始與仁子交往。
最後終於——
請你跟我結婚！
謝謝你對我這麼好，想與我共度白首。
可是，你可以答應我一件事嗎？

無論發生什麼事，你都一定要保護家人。
好，
我答應你。
百福三十五歲，仁子二十八歲，兩人結婚了。
ガタン
ゴトン
※喀噠、喀噠
戰爭結束了。
一切都會好轉的。

※吵雜喧譁
沒想到——
ざわ
大阪車站
ざわ..
※荒蕪
受災房舍高達34萬4千戶，受災人數為122萬4千人，罹難者人數為1萬2千——受到戰火摧殘，大阪街道受創極深*。
カッ
※荒廢
ジリ
ジリ..
※寂涼
過去累積的一切，
全都化為灰燼……

*當時的受災數據眾說紛紜。

隔年，百福和妻子帶著岳母須磨，從避難地兵庫縣搬到大阪。
ガヤ
ガヤ
※熱鬧擁擠
未來的日子不知道會變成怎樣……
嗯……
戰爭結束已經一段時間，卻還沒有復甦的跡象……
※Give me!（給我）
ギブミー
ブロロロ…
※扣隆隆
ジロ…
※瞪
ゼイ ゼイ
※喘嗚

現在的社會現況，
簡直就是我那個時候的翻版。
我們人活著就是要吃！
你說什麼？
所謂「食衣住行」，最重要的還是吃，有得吃才能活下去。
※目光如炬

仁子，我決定了！
接下來的人生，我要把「吃」當成一輩子的事業！
快！沒有時間浪費了！
だっ
※奔跑
等等，老公，等等我們啊！
※海浪聲
ザザー‥
百福只要一有想法，就會立刻去做。他到處尋找新事業的契機，
最後在落腳的住家附近，找到一間位於海邊的廢棄工廠。

由於戰後的社會依舊混亂，許多無業的年輕人在街上閒晃，百福聘雇他們，
開始製鹽。
不僅如此，
我也來幫忙！
你可以嗎？
我很會游泳喔！
百福買了漁船，開始捕魚。
バシャバシャ
※撒網

此外，百福也在
一九四八年
設立「中交總社*」，
從事海鮮類加工與
販售業務。
ガヤガヤ
※氣氛熱絡
現在面臨糧食短缺，
還有許多人
因為營養失衡
感到身體不適。
我一定要研發出可以
輕鬆攝取營養的
食品……
基於這個想法，
百福也成立了
「國民營養科學研究所」
開始研究新的營養食品。
國民營養科學研究所
就在這個時候，
發生了一段
小插曲……
ガチャ
※喀拉
我回來了！

*中交總社：隔年更名為「SUNSEA殖產」，為現在日清食品的前身。

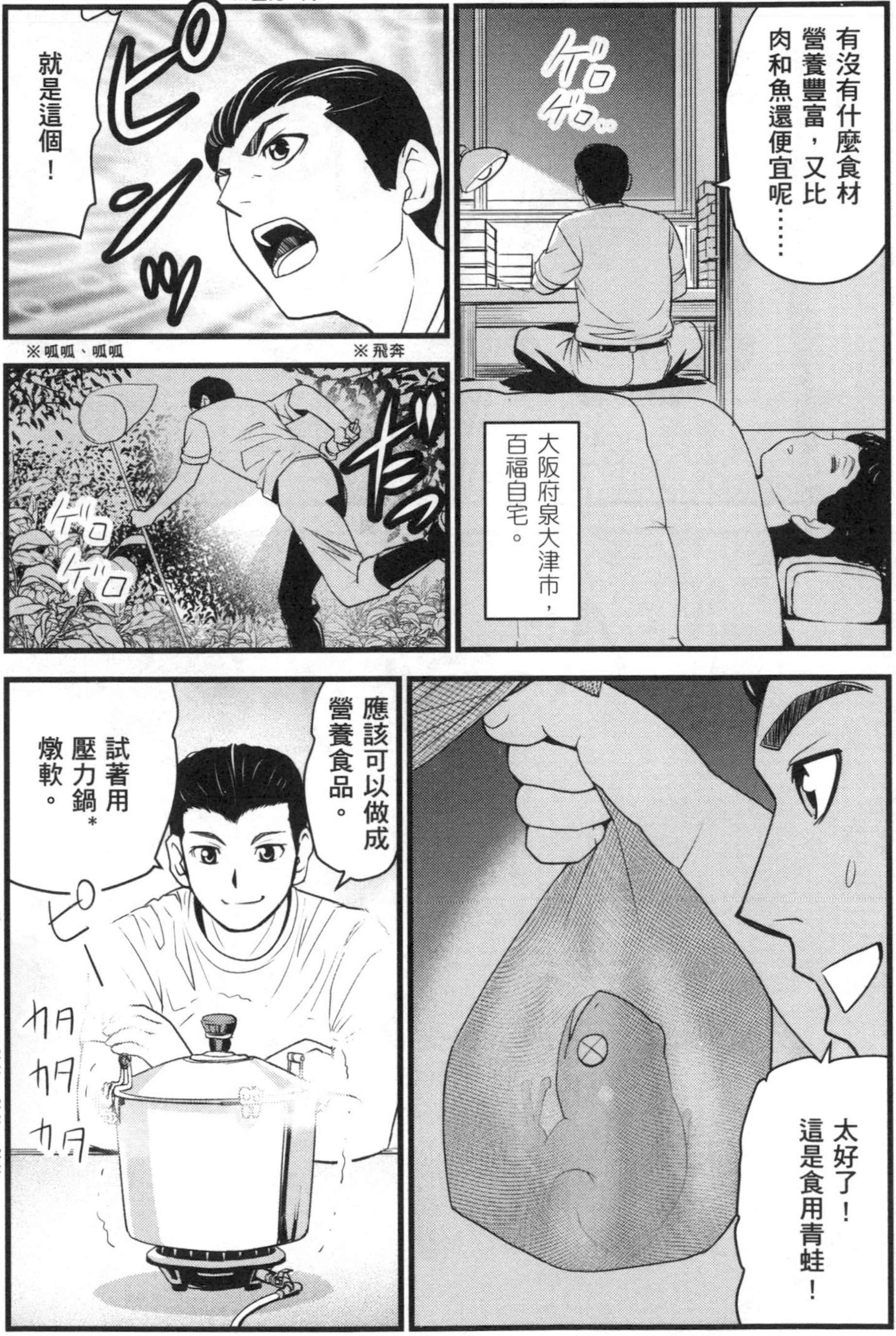

※呱呱、呱呱
ゲロゲロ..
有沒有什麼食材營養豐富，又比肉和魚還便宜呢……
大阪府泉大津市，百福自宅。
※靈光一閃
ピピッ
就是這個！
※呱呱、呱呱
ゲロゲロ
※飛奔
だっ
太好了！這是食用青蛙！
應該可以做成營養食品。
試著用壓力鍋*燉軟。
※嗶
ピー
※喀答、喀答、喀答
カタカタカタ

*壓力鍋：密閉性高，提高鍋內壓力使烹煮溫度升高，可縮短料理時間，將食物燉軟。

ボンッ
※砰~
老公，發生什麼事了？
べっちゃり…
※溼答答
啊啊啊啊啊啊！

老——公——
仁子，對不起……我剛剛……
ゴゴゴゴゴ…
※怒火中燒
把你的手伸出來。
ギュッ
※擰
可惡！
？？？
ふうううう
※呼～

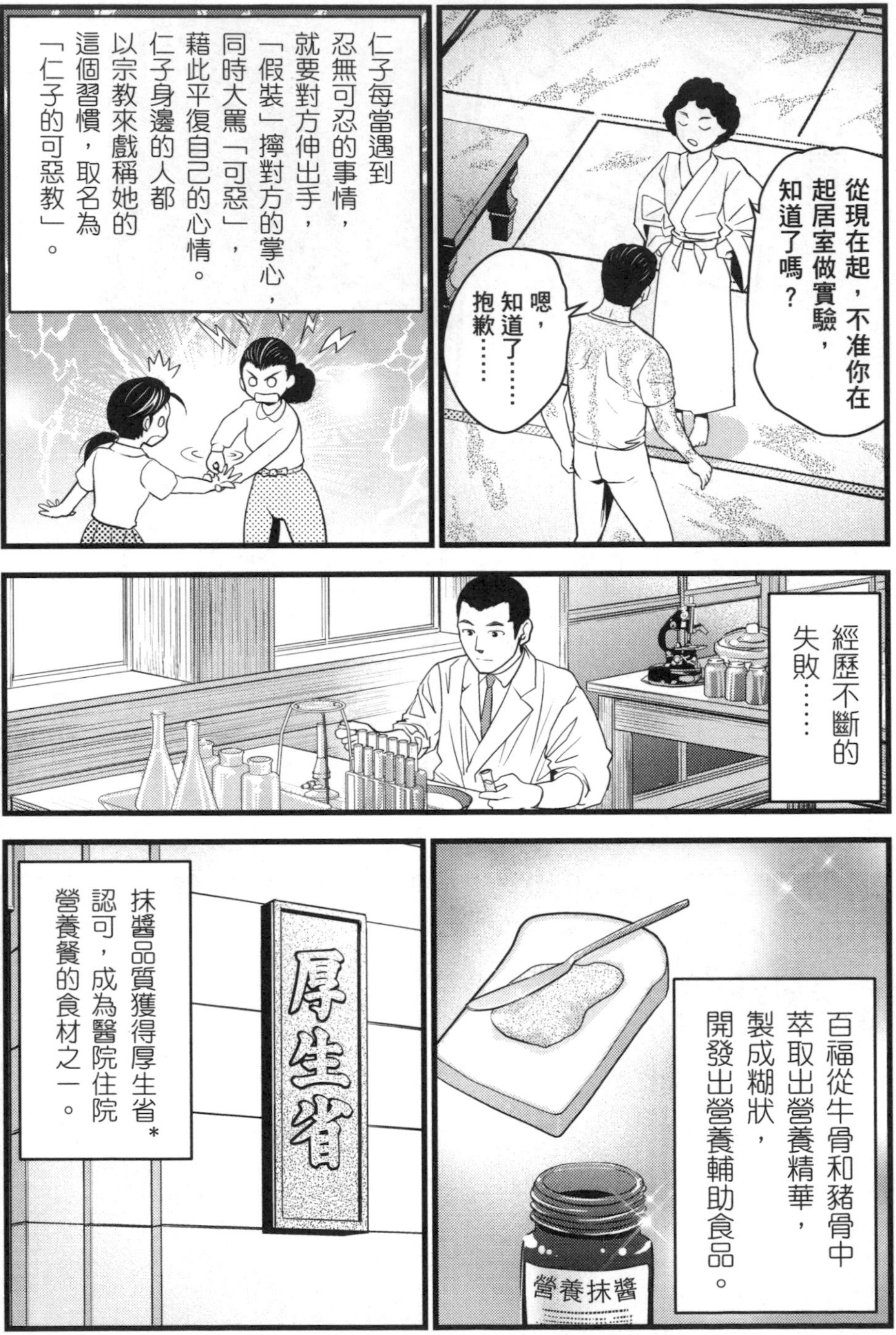
從現在起，不准你在起居室做實驗，知道了嗎？
嗯，知道了……抱歉……
仁子每當遇到忍無可忍的事情，就要對方伸出手，「假裝」擰對方的掌心，同時大罵「可惡」，藉此平復自己的心情。仁子身邊的人都以宗教來戲稱她的這個習慣，取名為「仁子的可惡教」。
經歷不斷的失敗……
百福從牛骨和豬骨中萃取出營養精華，製成糊狀，開發出營養輔助食品。
營養抹醬
抹醬品質獲得厚生省*認可，成為醫院住院營養餐的食材之一。
厚生省

*厚生省：現為厚生勞動省，相當於台灣的衛生福利部加上勞動部。

有一天
安藤先生，您好。
厚生省營養課課長
有本邦太郎
今天來有什麼事嗎？
我關注一件事很久了，今天來是想和您談談這個問題……
好的，是什麼事呢？
政府推廣「粉食*獎勵運動」，鼓勵全國學校的營養午餐改吃麵包，我覺得這項政策值得商榷。
這也是沒有辦法的事。
戰後，美國政府將境內剩餘的小麥大量出口至日本……
美國
日本
可是，日本人吃不慣麵包。
喝茶配麵包，這樣的飲食方式不夠營養。
碳水化合物
蛋白質
脂肪
維他命

*粉食：將小麥、蕎麥等穀物磨成粉後再製成的加工食品，如麵條、麵包等，日本將這樣的食品稱為粉食。

*戰後受到美國影響，日本政府鼓勵民眾吃麵包。

其實日本
自古以來的飲食文化中，
也有小麥製品。
沒錯……
我說的就是
烏龍麵和拉麵等
麵食文化！
麵食有湯和配料，
可以攝取到其他營養，
而且也更貼近
日本人的口味。
你說的
也有道理……
政府應該
更用力
推廣麵食才對。
由國家
推廣麵食嗎？
當時是由麵攤或
小鎮（鄉村）工廠
負責製作烏龍麵與拉麵等
麵食製品，
沒人想到能像現在這樣，
由自動化工廠製作，
大量生產、運送，
普及全國。

沒錯！與其推廣麵包，更該推廣麵食！
遺憾的是，現在的日本既沒有大量生產的技術，也沒有運送通路。
不，正因為這樣，才更應該推廣啊！
……
既然你都這麼說了……

安藤先生，這件事不如就交給你來辦吧？
……
這個時候百福自己也沒有具體方案，只好不再堅持自己的意見。
不過，這件事在日後成為百福人生中的一大轉捩點。

當時的百福事業蒸蒸日上，一帆風順，
カンパ～イ！
※乾杯！
※人聲鼎沸
ワイワイ
已經成為有名的實業家。
百福的私生活也幸福美滿，他與仁子在一九四七年生下兒子宏基，
又在一九四九年生下女兒明美，生活過得相當充實。
※開門
ガチャ…
老公，有客人來找你。
其實我今天來是有事相求。
您請說…

您要我當信用合作社*的理事長？
沒錯，如果安藤先生能出任理事長，我們所有在地人都會放心將錢存在信用合作社裡。
如果是要我製造商品販售，那還說得過去，
但我從來沒做過金融相關的工作，我不懂如何拿他人存款出來運用投資。
我希望你能慎重考慮！
這件事攸關大阪的商業發展啊！
※跪下
バッ
請你為了廣大市民著想，接受我的請託！

*信用合作社：類似銀行的組織，針對當地中小企業或個人提供存款、貸款業務。理事長為法人代表。

……我知道了，如果我能幫得上忙的話，我會盡力去做……
理事長不需要外出跑業務……
既然接下這份工作就要好好努力，我沒辦法坐著乾等。
百福與業務負責人一起拜訪當地的公司廠商。
現在是實業家安藤先生當家啊，那我就放心了！
我會將錢存在信用合作社。
或許是因為百福很有名，所以剛開始很順利的招募到許多存款。

不過，信用合作社裡根本沒有真正的金融專家……
盡量把錢借出去，越多越好！
不僅貸款辦法鬆散輕率，更衍生許多壞帳*問題。
百福雖然盡全力補救部屬犯的錯誤……
卻因為不熟悉金融事業，結果不如預期。
最後百福拿出自己的錢拯救信用合作社，可惜為時已晚。
把錢還我！
信用合作社成立短短六年就破產宣告倒閉。

*壞帳…貸款企業出現經營危機，無法還款。

＊國稅局…管轄國家稅務的地方機構，負責調查與徵收當地稅金。

最後，百福身為理事長，負起所有責任，
ザァァァァァ
幾乎失去了所有過去累積的財富。
是我不對，我不該輕易接下有責無權的職務……
老公……
隨著戰後復甦，日本乘著一波快速的經濟成長*，各行各業蓬勃發展，甚至出現「如今已非戰後」的流行語。
相較之下，四十七歲的百福卻跌落人生谷底，落得身無分文的窘境。

※颯～颯～

*快速經濟成長：一九五〇年代後半到一九七三年，日本出現經濟急速成長期，人民生活越來越富庶。

又是乾燒沙丁魚啊？
好想吃肉喔……
ボリッボリ
※大快朵頤
爸爸最喜歡吃沙丁魚了。
整條吃下去，骨頭也會變強壯喔！
我們家……真的變窮了，對吧？
※靜默
ず〜〜ん‥
不行，我不能讓家人感到如此不安！
和仁子結婚時，我曾經發誓，
無論發生什麼事，我一定都會保護家人！
聽好了，
我們失去的只有財產。

失敗的經驗，
ギッ
將成為我們的血與肉，豐富我們的人生！
※堅決
爸爸就算跌倒了，也不會平白站起來！
我一定會抓一把身邊的土，或是有什麼抓什麼，做為站起來的禮物！
沒錯，
不要氣餒，從頭再來吧！
我還記得……當年我和仁子一起回到大阪時……
也是什麼都沒有，從頭開始……

ビュウウウウウ…
※颯～
可是……這一次，我要做什麼才好？
現在的我失去了一切，能做什麼……
※突然想起
ハッ
等一下……我記得那個時候……
安藤先生，這件事不如就交給你來辦吧？

※站起
ガタ
爸爸？
老公？
是拉麵！

第三章　雞湯拉麵誕生

一九五七年，百福四十七歲。
高度經濟成長使得日本街頭充滿活力。
ガヤ
ガヤ
家具
スズキ洋品店
古道具

※人潮喧鬧

咦？那不是安藤先生嗎？
他載著那一大堆東西是要做什麼啊？
我回來囉！
老公！庭院裡……
哇！

太好了！
還差一點就完成了。
幹嘛在院子裡蓋一間小屋，你要做什麼？
フッ
※笑
我想我還是需要一個可以專心做研究的地方。
要是又被「仁子的可惡教」懲罰，我可受不了……
※可惡

沒想到安藤先生這麼有名的實業家，竟然要做拉麵，真是……
シュボッ
※點火
在那個時候，開拉麵店並不是那麼受歡迎的職業。
我賣的可不是普通拉麵。
而是前所未見，沒有人吃過的，
新型態拉麵！
パハッ
※吐菸
沒人吃過……
雖然不懂你在說什麼，但感覺很厲害的樣子。
說得也是。不過，
既然要做——

就要做……
日本第一的拉麵店老闆喔！
我會的！

一碗拉麵
蘊藏著使人們
幸福的力量——
如果有一種拉麵商品，
能讓人們在家裡隨時
都能輕鬆享用，
一定會讓
更多人
感到幸福！
百福在
開發新拉麵
商品時，
設立了五大目標。

好吃又吃不膩的美味
家庭常備保存性高
簡單調理不耗時
價格便宜
安全衛生
※登登

ぐるぐる
※攪、攪
ぐっぐっ
※滾、滾
ボロボロ
※啪嗒、啪嗒
如果水分太少，麵體就會崩碎散開。
重做。
這次水分又太多，黏呼呼的……
ベト～
※啪嗒
どさっ
※丟～
我很會做菜，還以為做麵沒什麼困難……

些微的水分就能讓麵條質感變得完全不一樣……
這問題很棘手啊！
※研磨
試著加入山藥，讓麵條不會斷裂……
還少了點什麼……
為了增添鮮味與營養，
不如在麵團裡加入菠菜汁試試？
……不好吃。
改加奶粉？
奶粉
※嗯！

不行……
ばったり
※累倒
スッ
※蓋被子
チチ..
※唧唧
チュン
チュン..
※啾啾
がばっ
※驚醒
在自家庭院小屋裡「奮戰」的百福，
每天的平均睡眠只有四小時，在長達一年左右的時間裡，沒有一天休息。

這個月只剩一千圓可以用……
只好再煮烏龍麵和乾燒沙丁魚了。
唉……
……這樣的生活不知道還要過多久……
※振作
バッ
不行！
如果連我都不相信百福，還有誰相信？
※吸～
すぅ～

每次遇到困境，
仁子都會說：
「我要像鯨魚一樣，
把所有困難吞進去！
如此就能繼續往前走。」
※滿出來
今天還是滿滿的失敗品啊！
話說回來，這裡的每一顆麵團都是百福邁向成功的證明……
ズリズリ
※拖
對了！
仁子知道這些丟棄的麵團也有營養，所以當成豬飼料賣出，貼補家計。
※唧唧唧
ミーン
ミン
ミーン

百福確定好麵的原料與各自分量後，到附近熟識的烏龍麵店委託製麵。
烏龍
可是我家賣的是烏龍麵耶……
我相信你的專業能力，拜託你，幫我製作新的麵！
真拿你沒辦法……等你研發出新的拉麵後，一定要讓我嘗嘗喔！
ガシッ
※握手
那當然！
製作湯底時，百福也跟雞肉攤研究好多次，
經過不斷的嘗試錯誤，百福的拉麵越做越好。
那個安藤先生竟然改行賣拉麵……
走頭無路了吧！
ヒソヒソ
※悄悄話
我絕對不認輸！

湯底和麵條都有一個雛型了。
不過……
為了讓所有人在家裡都能輕鬆享用，我一定要將這款拉麵做成只要倒入熱水就能吃的商品……
如果我將湯底的味道事先融入麵條裡，如此一來，任何人都能在家輕鬆料理。
這樣的話，我先試著將湯底倒入麵粉再揉麵團。
ぐっ
ぐっ
※滾、滾
ボロボロ…
還是不行……
※啪嗒、啪嗒

※撲通
如果將麵條蒸熟再泡入
湯底，不知道行不行？
トプン…
※軟爛
ドロ…
※溼答答……
べちゃ…
不行，
麵都黏在一起，
溼溼的……
※咻～
ピュウウウウウ
百福不斷嘗試錯誤，
終於找出了
最後的答案。
※登登
ドーン

※唰～
將湯底「淋」在麵條上的話，
シャアアア
就能讓味道均勻附著在麵條上，不會溼答答的，過一會兒就能變乾。
嗯！
現在剩下兩個問題。第一個問題是要讓麵條可以長期保存。
第二個問題則是只要將熱水倒在麵條上，就能立刻吃。

我要做的第一件事就是得去除麵條的所有水分，讓麵條變乾，該怎麼做呢……
……咦？好香啊，這是……
※油炸聲
老公辛苦了。
我們好久沒吃天婦羅了。
※油炸聲

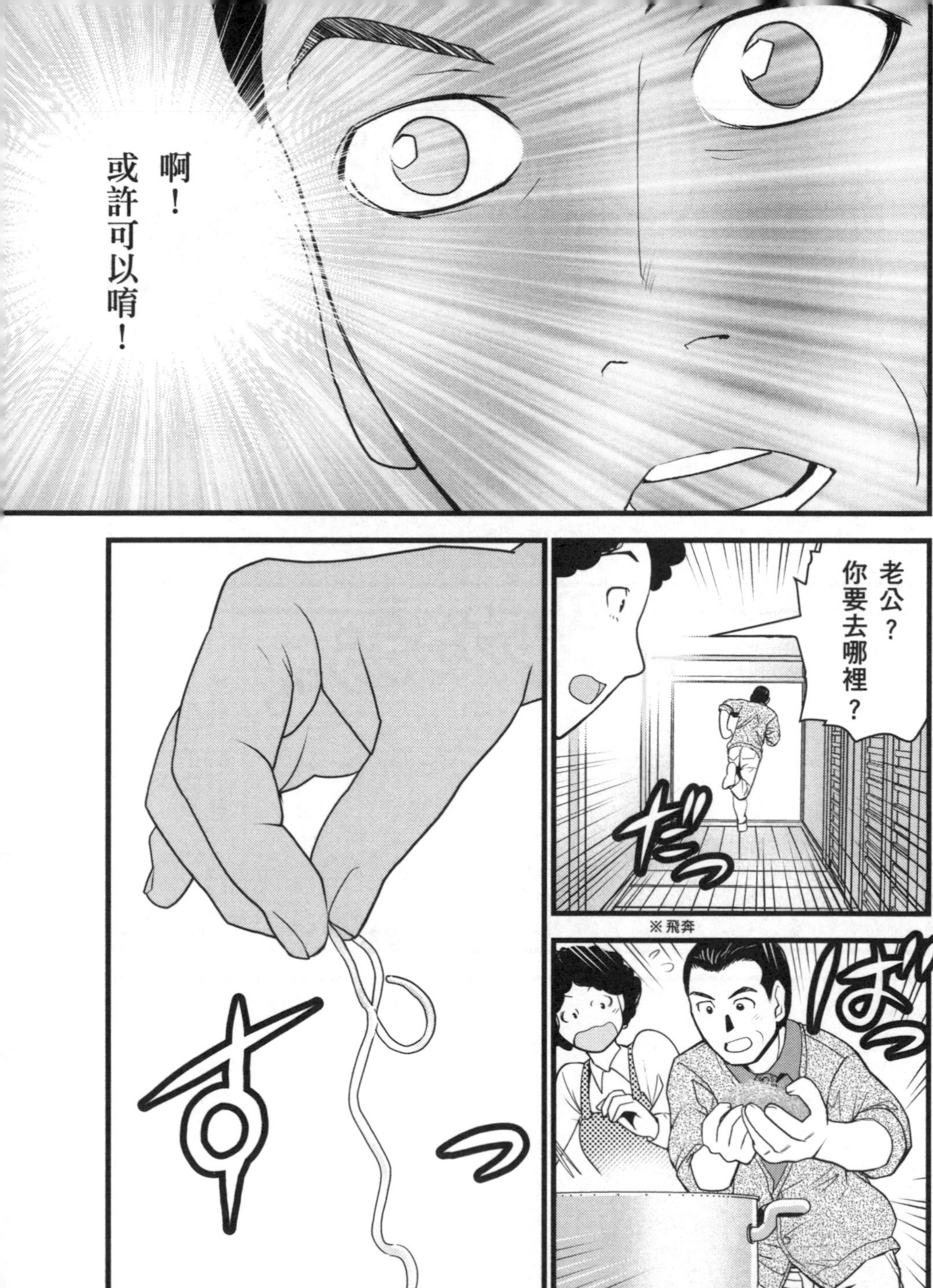
啊！
或許可以唷！
老公？
你要去哪裡？
だっ
ばっ
すっ
※飛奔
※擠開
※抽出一條麵

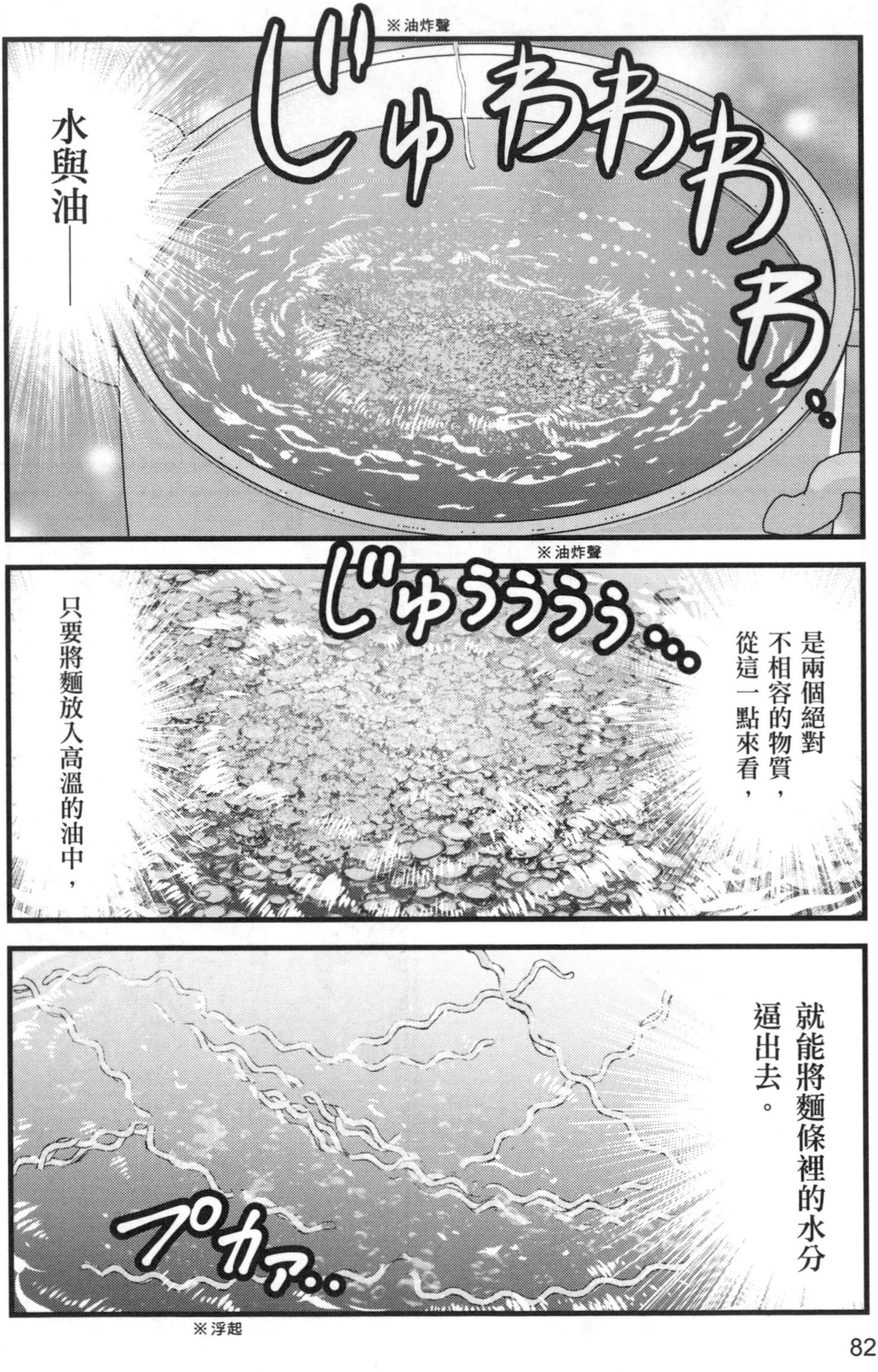
※油炸聲
じゅわわわわ。。
水與油——
※油炸聲
じゅううううう…
是兩個絕對不相容的物質，從這一點來看，
只要將麵放入高溫的油中，
就能將麵條裡的水分逼出去。
プカァ..
※浮起

連麵芯都是乾的！
好！接下來試試看能不能用熱水還原！
幫我煮一壺熱水！
喔，好！
トクトクトク
※倒水

不曉得會不會成功……
開始計時！
スッ
※蓋住
カチ
※滴答、滴答
カチ
カチ
カチ
カチ
カチ
※滴答、滴答
結果是這樣啊……
ぐるぐる
※攪拌

ズズ・・
※吸～
ごくん
※吞

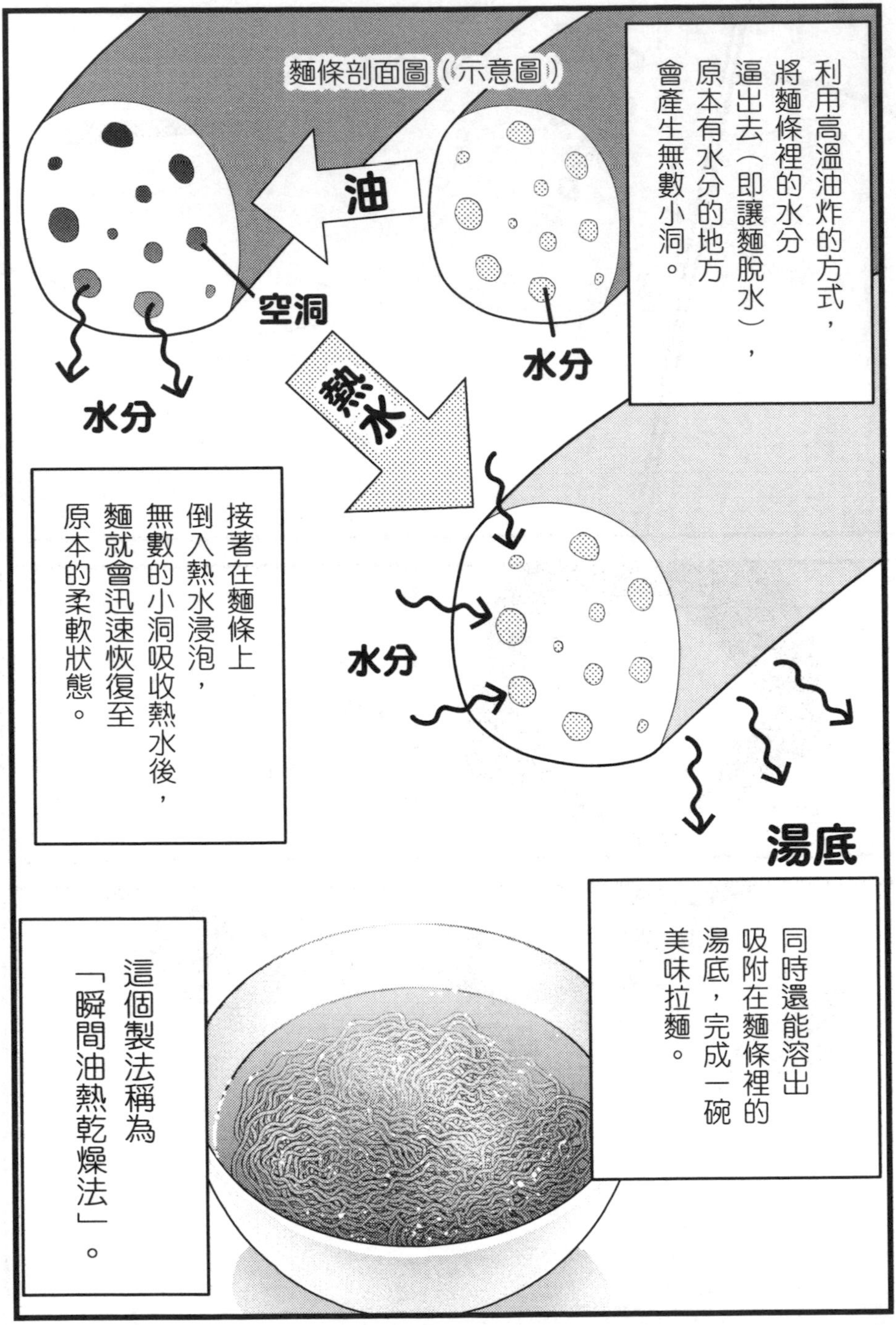
利用高溫油炸的方式，將麵條裡的水分逼出去（即讓麵脫水），原本有水分的地方會產生無數小洞。
麵條剖面圖（示意圖）
油
水分
空洞
水分
熱水
接著在麵條上倒入熱水浸泡，無數的小洞吸收熱水後，麵就會迅速恢復至原本的柔軟狀態。
水分
湯底
同時還能溶出吸附在麵條裡的湯底，完成一碗美味拉麵。
這個製法稱為「瞬間油熱乾燥法」。

百福又進行改良……
重要的日子終於到來。
一九五八年春天，百福四十八歲。
試吃會即將開始，要請大家來試吃。
好的！

宏基，去拿雞湯來。
シャアア~
好！
※澆湯
兒子宏基不喜歡吃雞肉料理，唯有以雞骨熬製湯底的拉麵，宏基吃得津津有味，
這也是百福將拉麵湯底做成雞湯口味的主要原因。
※燉煮
媽媽，雞湯！雞湯！
ぐつぐつ
好，來了。
雞湯由仁子負責熬製。她將雞肉切塊，加入蔬菜、香料，放入鍋中熬煮五個小時。

淋上雞湯後，讓麵條醒一下。
※捏
くに くに
水分含量百分之四十五……差不多了。
※攤平
ぐっ
ぐっ
※輕輕放入
そ～

＊碳水化合物：泛指醣類與相關化合物，與脂肪、蛋白質同屬三大營養素之一。

將麵條放入一百六十度的油鍋中，水分會變成泡泡不斷冒出……
不一會兒，泡泡就會慢慢變小……
じゅううううう～
※油炸聲
ざばっ
※撈起
コロン
※成塊
哇♡好香啊！
麵包與馬鈴薯加了奶油就好吃，所以說，碳水化合物最適合搭配油脂了。
好，可以吃了！

ふわあああ…
※哇啊……
我要開動了！

好好吃喔！

※跑
だっ
爸爸，再多做一點吧！我去拿澆花器過來。
爸，這碗麵叫什麼名字啊？
對喔，名字……
媽媽，快！雞湯！我要雞湯！
名字就叫
雞湯拉麵！

第四章　魔法拉麵

同年六月，大阪梅田區的阪急百貨公司。
快來喔！歡迎各位來試吃！
這是全新的拉麵商品喔！
食品賣場
ワイワイ
拉麵啊。
我想吃！
即食雞湯拉麵
哇！好好吃喔！
可是，在家裡自己做拉麵，太麻煩了……

※氣氛熱絡

各位太太，
這款新的拉麵啊……
かぱっ
※拿開
只要倒入熱水，
悶個兩分鐘*
就能吃囉！
你們看，
就像這樣。
どっ
※一擁而上
這太棒了！
我要兩包！
我要五包！
我要十五包！
ガラ～ン
※空蕩蕩
我準備的五百包，
一下子就賣完了……

*若以熱水沖泡，當時的沖泡時間是「兩分鐘」，現在則為「三分鐘」。就技術面而言，泡「一分鐘」也能吃，但公認「三分鐘」最好吃。

※砰
老公，你回……
仁子，我好像…
真的做出不得了的商品了！
※吸～
百福二話不說，立刻借錢建造工廠，開始正式生產雞湯拉麵。
不過——
ずずっ
嗯，是不難吃，但是……
我們不需要。
為什麼？

*當時大學畢業生的起薪是一萬三千日圓，國鐵（現為JR）一段票的最低票價為十日圓。

※燃起鬥志

就算在百貨公司試吃熱賣，
工廠
批發商
店
客
若沒有批發商*將商品賣進各地零售店，就無法讓更多消費者買到商品。
食品
百福發揮驚人毅力，四處交涉懇求，好不容易有一家批發商願意進他的貨。
這商品真新奇，我願意進貨賣賣看。
儘管過程曲折，一九五八年八月二十五日，全世界第一款泡麵——「雞湯拉麵」正式開賣。
¥35
CHIKIN RAMEN
チキンラーメン
ジリリリリーン
※鈴鈴鈴
今天怎麼還是乾燒小魚乾啊……
喂，您好……
趕快過來補貨！
不，我現在就開三輪車*過去拿貨！
什麼？請問您是……

*批發商：向生產廠商大量購買貨品賣給零售店的大盤商。

*三輪車：三個輪子的貨車。

雞湯拉麵大賣啊！
ワイワイ
※搶貨
趕快備貨，有一百箱或兩百箱都好！
ガタンッ
※站起
十二月，為了表達「日日創造豐富而清新的味道」之理念，
日清食品株式會社
百福設立了「日清食品」。

有一天——
日本最大的綜合商社＊有意願販售我們的雞湯拉麵，我們真的很感謝……
日清食品株式會社
老實說，如果三菱商事要賣雞湯拉麵，地方工廠沒辦法做出這麼多商品。
我們必須借一大筆錢，興建大型工廠才行……
※滿足
ぷは~
真好吃！
謝謝您的招待。
安藤先生，我會再來的。
三菱商事大阪支社的部長佐南正司拜訪百福，表達想販售雞湯拉麵的意願。
儘管百福一再婉拒，
佐南仍每天到工廠說服百福，並享用雞湯拉麵。
一而再，
再而三。

＊商社：以貿易業務為主，從事商品買賣的公司。

真服了他……
我完全搞不懂，他到底是來說服我的，還是來吃拉麵的……
佐南的執著漸漸打動了百福的心。
好吧！
我願意將雞湯拉麵委託給你。
販售商品琳瑯滿目的綜合商社，不只販售食品、日用品，甚至連飛機與武器都賣，後來有人便以「從拉麵到導彈」這句話來形容商社的神通廣大。
CHIKIN RAMEN
即席チキンラーメン
日清食品株式会社
不過，百福認為……
比起導彈，雞湯拉麵對人類的貢獻更大。為什麼不說「從導彈到拉麵」呢？嗯哼！
ブツブツ

※吹～吹～

一九六〇年，大阪府高槻市，日清食品高槻工廠。
日清食品
哇嗚！
不過是賣拉麵的，幹嘛蓋這麼大的工廠啊……？
我看啊，日清食品撐不了多久啦！
※叭叭
パッパ～
※轟隆隆
ブロロロロロ～
なっ!?
※什麼！

※轟隆隆

ブロロロロ
ブロロロロロ
這一排卡車是怎麼一回事？

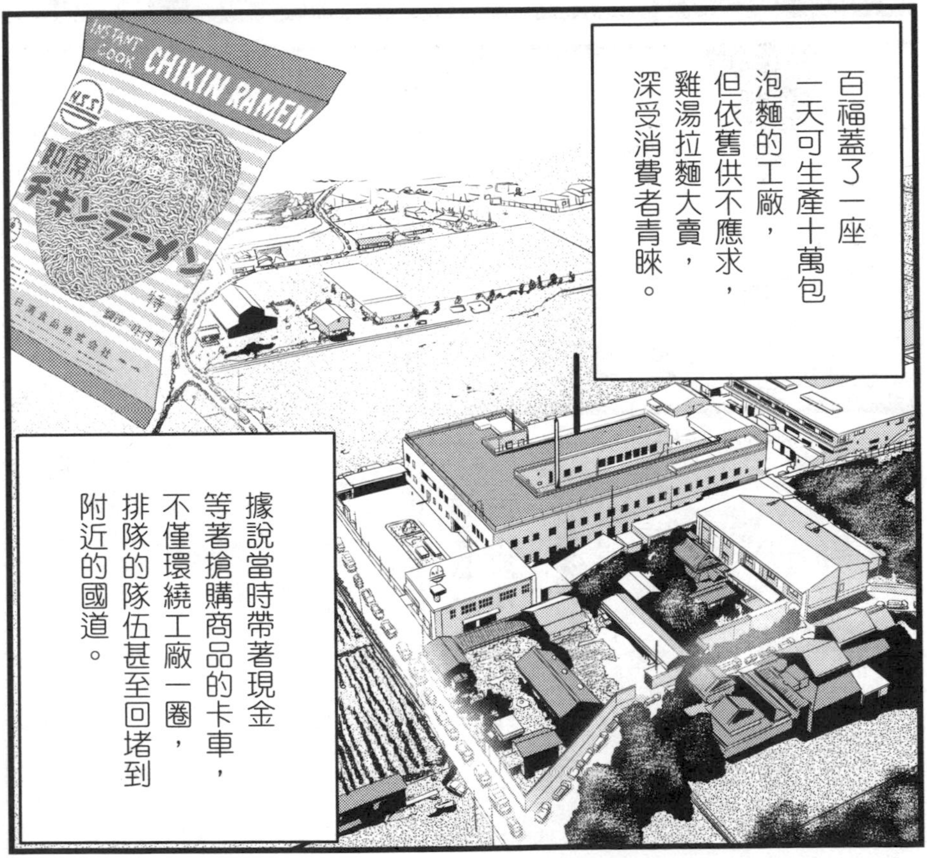
百福蓋了一座一天可生產十萬包泡麵的工廠，但依舊供不應求，雞湯拉麵大賣，深受消費者青睞。
INSTANT COOK
CHIKIN RAMEN
N.S.S
即席
チキンラーメン
據說當時帶著現金等著搶購商品的卡車，不僅環繞工廠一圈，排隊的隊伍甚至回堵到附近的國道。

※嘎嘎

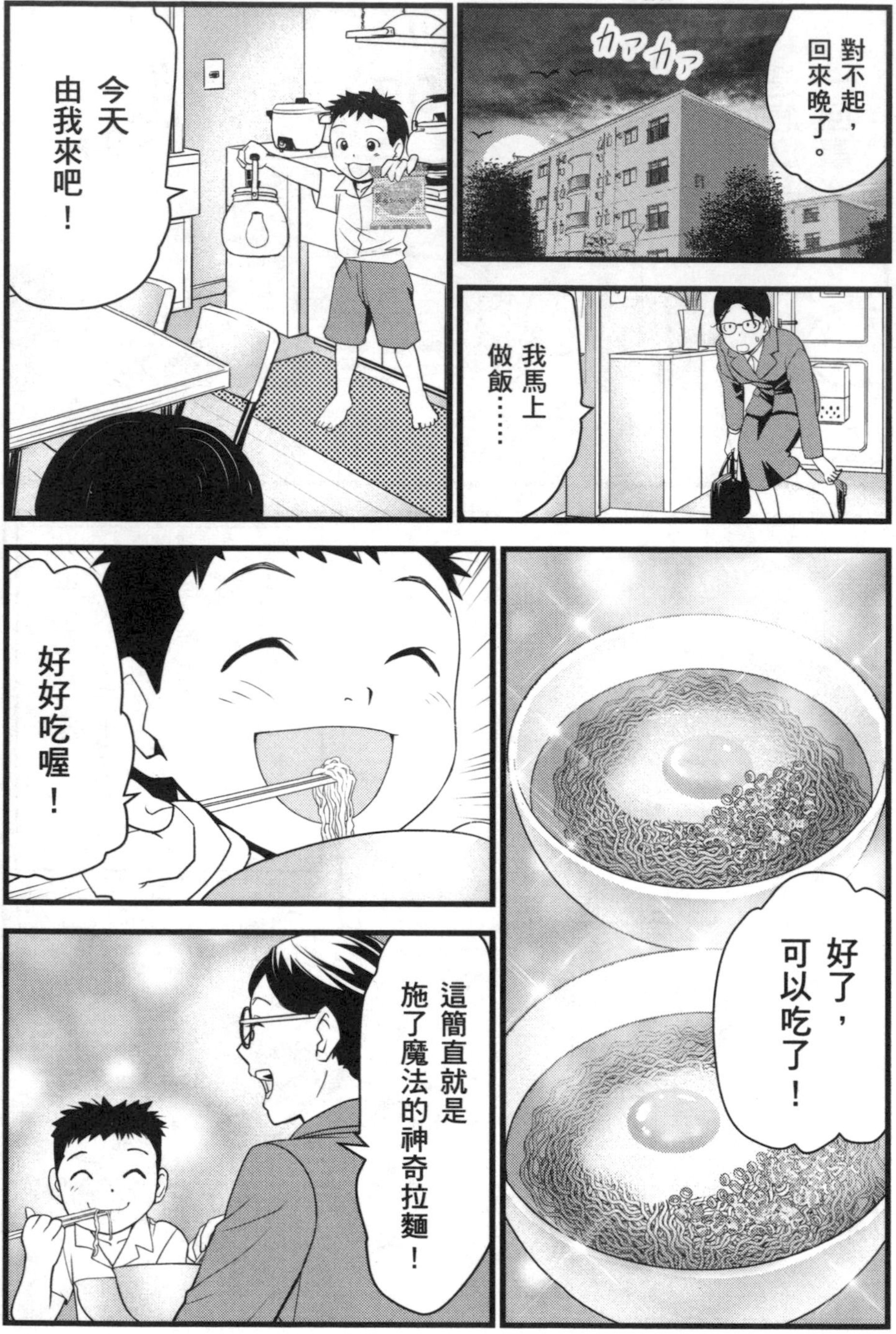

カァカァ
對不起，回來晚了。
我馬上做飯……
今天由我來吧！
好了，可以吃了！
好好吃喔！
這簡直就是施了魔法的神奇拉麵！

＊instant：立即、即刻。

超級市場
此外，大型超市登場
也讓物流網絡
更為完備，
讓更多消費者
可以輕易買到
方便好吃的
雞湯拉麵。
不僅如此，
百福也注意到
剛剛開播的
電視節目，
很快就購買
電視廣告，
主打雞湯拉麵。
CHIKIN RAMEN
チキンラーメン
※雞湯拉麵
在那個時代，
雞湯拉麵
深受所有日本人的喜愛，
消費者甚至為它取了
「魔法拉麵」的暱稱。

我們對您委託調查的成分進行分析……
國立營養研究所
厚生省的有本課長後來就任國立營養研究所*所長。
湯底成分富含膠原蛋白*等各式各樣的營養成分。
這份調查代表厚生省為雞湯拉麵背書*，證實為營養食品。
因為我們的湯底是用整隻雞下去熬煮的，從雞冠與骨頭萃取出許多營養。
有消費者寫信來說，吃了雞湯拉麵後皮膚變好，還有人告訴我，他吃了雞湯拉麵後更有精神。

*國立營養研究所：日本針對營養與健康相關議題進行調查研究的國家機構。現為「國立健康・營養研究所」。

*膠原蛋白：製造骨骼與皮膚的蛋白質。

*背書：有力人士認證，證實其真實性。

有本先生，謝謝你。
若沒有你當初的一席話，
今天我絕對無法研發出雞湯拉麵。
這件事不如就交給你來辦吧？
你客氣了，這全都是你的功勞。

※吸～
ずず…
日清食品高槻工廠研究所。
這碗不行，重做。
キッ
※嚴肅
我知道了。
又要重做嗎？
做幾次都沒關係，一定要做出自己認同的產品。

您知道嗎？
就像用來測量氣壓的氣壓計一樣，大家都說社長的舌頭是「舌壓計」。
不管別人說什麼，我絕不妥協。
雞湯拉麵已經大受歡迎，成為熱銷商品，為什麼還要如此堅持呢？
雞湯拉麵賣得好，確實令人開心——
但是聽到消費者說「真好吃」才是最令我開心的事。
對於雞湯拉麵的品質，百福毫不妥協，堅持完美。開發新商品時，他也全程參與，一定會吃每一次的試吃品。

不料──
バーン
チキンラーメン
即席
食物中毒？怎麼可能有這種事？
※啪
※登登
雞湯拉麵的麵體是用一百六十度的高溫油油炸製成的！
那是因為這款商品……
這是怎麼回事？
外觀看起來是雞湯拉麵，但裡面包的卻是醬油色的麵條！這已經變質了！
都是因為乾燥處理沒做好，才會讓細菌繁殖……

還有人說
泡麵對身體有害……
豈有此理！
※研
雖然雞湯拉麵
沖泡方便易食，
但製造過程絕對
沒有偷工減料！
那些不好的傳聞
很快就會傳開，
我們得立刻因應才行！
※緊握
只要有人提出請求，
百福都會同意接待，
參觀工廠，
甚至教他們如何
製造雞湯拉麵。
結果卻——
各地的食品製造商
紛紛推出自己的
泡麵商品，
其中還包括品質低劣的
山寨版雞湯拉麵。
雖然現在大家都有
專利權*與商標權*
屬於企業財產的觀念，
但當時普遍認為
「仿效他人商品沒什麼不對」，
甚至形成風潮。

*專利權：針對自己研發的新發明宣告專屬於己的權利。

*商標權：表示自己商品的文字或符號只能自己使用的權利。

為了保護我辛苦研發的雞湯拉麵，
只能這麼做了……
百福決定出面控告惡質的食品製造商。
不料……
雞湯拉麵又不是什麼特殊的名稱。
雞湯拉麵跟雞肉飯、雞湯一樣，都是廣泛使用的名稱啊！
說什麼這是日清食品專屬的名稱，哪有這種道理？
雞湯拉麵是日清食品發明的商品！
雞湯拉麵這個商品名稱，我絕對不允許其他公司任意使用！
ニヤリ
※微笑
既然如此，我們也有方法應對。

没想到對方竟然聯合其他任意使用雞湯拉麵名稱的廠商發動攻擊。
全國雞湯拉麵協會
雞湯拉麵並不是這十三家廠商發明的，他們卻組成「全國雞湯拉麵協會」，而且還提出異議。
百福為了守住雞湯拉麵的商品名稱和製造方法，
陷入了訴訟的泥淖。
法院
雞湯拉麵的製造方法確實是百福先生想出來的。
幫忙製麵的烏龍麵店老闆也出面作證。
一九六一年，法院終於認可百福的主張，
日清食品將「雞湯拉麵」登記為公司商標，
隔年更向特許廳提出泡麵製法的專利申請，順利獲得專利權。

※引擎聲
好不容易……雞湯拉麵終於回到我的手中。
這下子其他公司再也不能做泡麵了。
是啊……
※超市
スーパー
INSTANT COOK CHIKIN RAMEN

律師，我……
我有一個要求，只要簽約條件完備，我打算讓其他人也能用相同製法製造泡麵。
什麼？為什麼呢？這是日清食品甩開其他對手的大好機會啊！
如果我獨占專利權，日清食品一定會變成比現在還大的公司。
但如果能與競爭對手切磋勉勵，才能做出更好的商品。
泡麵也是同樣的道理，與其一枝獨秀，

不如百家爭鳴。
百福之所以有這樣的感想，或許是因為想起了小時候爺爺的教誨。

從那之後，各食品廠商紛紛推出各種口味的泡麵商品。
INSTANT RAMEN
明星
味付ラーメン
即席味付
北京ラーメン
即席
ピヨピヨ
ラーメン
maruto
即席
ラーメン

出前一丁
日清食品
ラ王
醤油
マルちゃん
正麺
醤油味
東洋水產
サッポロ一番
みそラーメン
三洋食品
明星食品
エースコック
ワンタンメン
Acecook
わかめ
在良性競爭的推波助瀾下，泡麵種類越來越豐富。

第五章　長了翅膀的杯麵

一九六六年，
百福五十六歲。
為了將雞湯拉麵
推廣至世界各地，
百福搭乘飛機，
親自前往
歐美國家視察。
キイイィーン

※閃亮亮

這次造訪的是
美國洛杉磯的超級市場
「Holiday Magic 公司」。

This is a chicken
ramen.
（這是雞湯拉麵。）
只要將麵放在大碗裡，
再倒入熱水就能吃喔！
バッ

※啪

「大碗」？
What？
什麼是「大碗」？
※驚！
カッ
什麼？
美國沒有大碗？
用這個吧！

パキ
※掰開
紙杯？
很好！
好吃！
真美味！
竟然站著用叉子吃？
而且吃完就丟？
ホイッ
※丟
這是怎麼一回事……

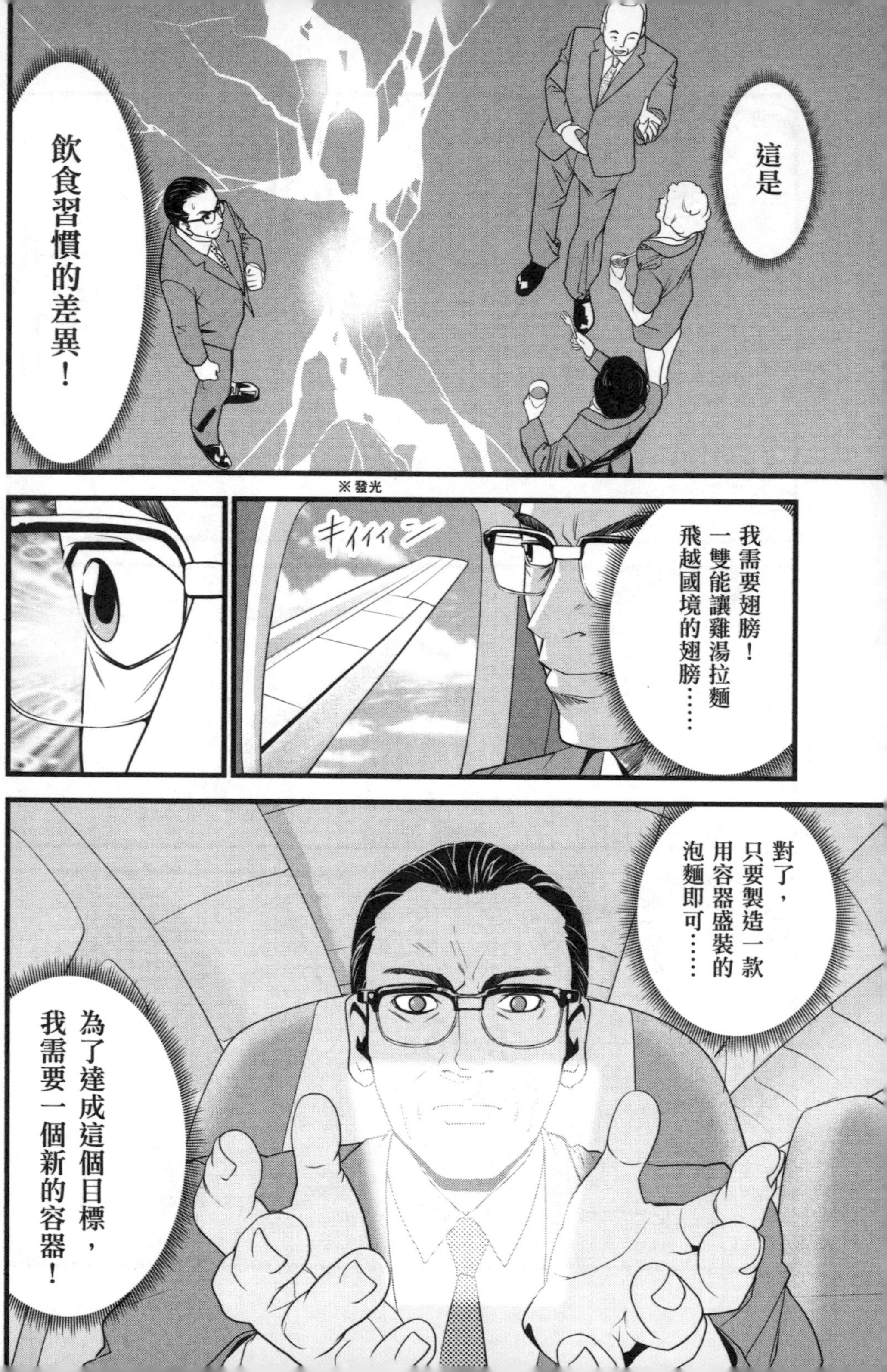
這是
飲食習慣的差異！
※發光
我需要翅膀！一雙能讓雞湯拉麵飛越國境的翅膀……
キィィィン
對了，只要製造一款用容器盛裝的泡麵即可……
為了達成這個目標，我需要一個新的容器！

①包裝
②調理容器
③餐具
我要做出一個兼具以上三種功能的容器！
該用什麼材質才好？
好燙啊!!
底破掉了！
蓋子該怎麼設計？
好不好拿呢？
容器要用什麼形狀？

※歪掉　※焦了

※昭和 45 年為西元 1970 年

起心動念五年後——一九七一年。
終於完成了！
社長，我們成功了！
沒錯，這是大家的功勞！
新商品需要新的名字，
最好是全世界通用的商品名稱。
美國沒有ramen（拉麵）這個詞彙，
對了，名字就叫——

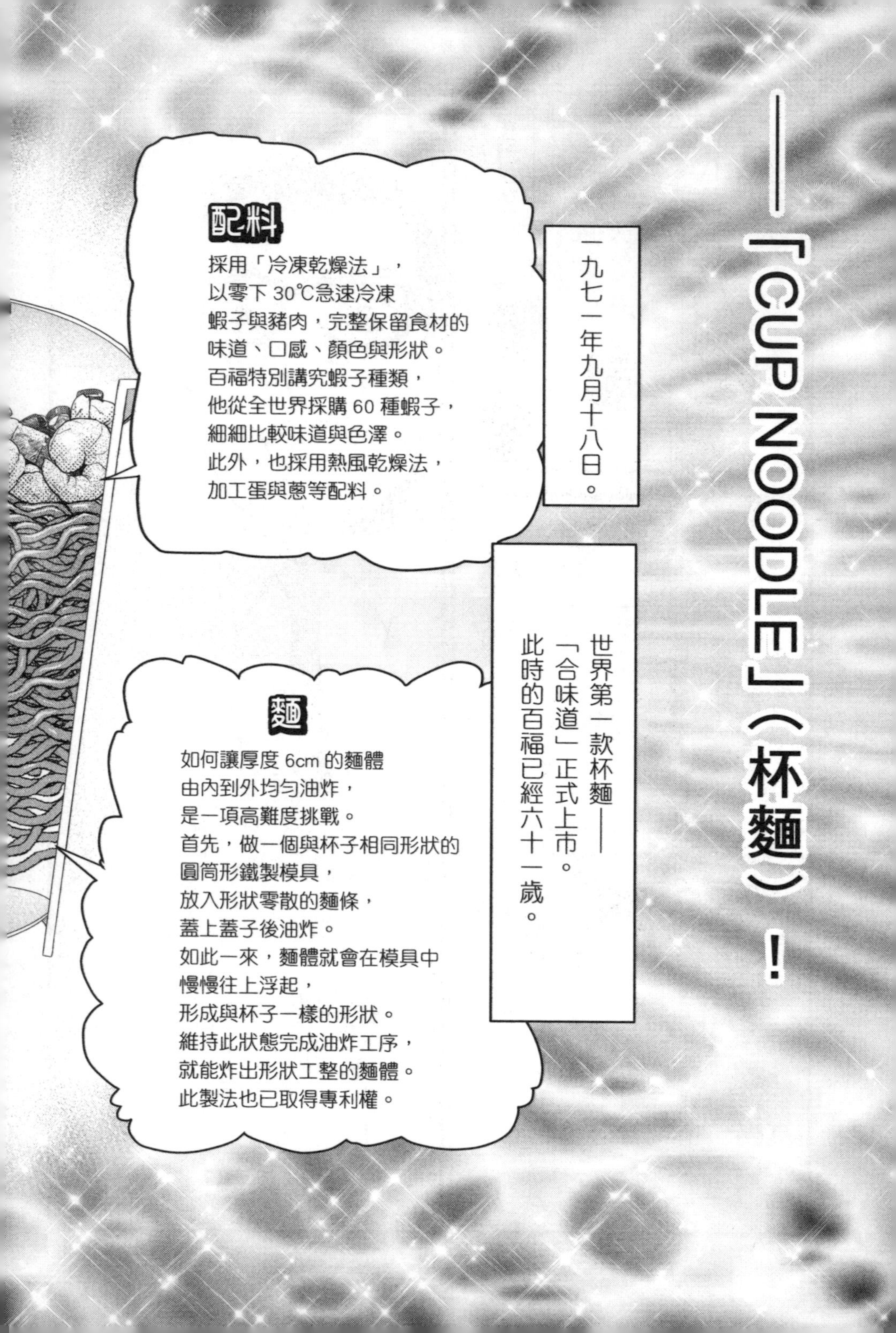
——「CUP NOODLE」（杯麵）！
一九七一年九月十八日。
世界第一款杯麵——「合味道」正式上市。
此時的百福已經六十一歲。
配料
採用「冷凍乾燥法」，以零下 30℃急速冷凍蝦子與豬肉，完整保留食材的味道、口感、顏色與形狀。百福特別講究蝦子種類，他從全世界採購 60 種蝦子，細細比較味道與色澤。此外，也採用熱風乾燥法，加工蛋與蔥等配料。
麵
如何讓厚度 6cm 的麵體由內到外均勻油炸，是一項高難度挑戰。首先，做一個與杯子相同形狀的圓筒形鐵製模具，放入形狀零散的麵條，蓋上蓋子後油炸。如此一來，麵體就會在模具中慢慢往上浮起，形成與杯子一樣的形狀。維持此狀態完成油炸工序，就能炸出形狀工整的麵體。此製法也已取得專利權。

湯底

為了行銷全球，湯底改成
法式清湯風味，再用筍乾和
胡椒調味，以符合日本人的口味。
與雞湯拉麵一樣，
麵體本身也有特殊調味。

蓋子

為了延長保存期限，必須使用空氣不易流通的
蓋子。百福從到美國出差的回程飛機上
拿到的夏威夷豆包裝獲得靈感，
採用在紙杯黏上鋁箔封蓋的設計。

杯體

不僅要輕盈好拿，還要有保溫效果，
而且拿的時候不能燙手。
因此百福採用了保麗龍材質，
在那個時代，
保麗龍是用來運送魚類的容器材質，
這也是全世界第一個
將保麗龍做成食品容器的創舉。

商標

仔細觀察 CUP NOODLE 的商標字體設計，
會發現一個小小的日文片假名「ド（do）」，
由於發音近似英文「NOODLE」裡的「DLE」，
因此埋了一個趣味哏。

設計

代表「連續軌道」的履帶狀設計，展現出
全球通用商品的理念，以百福在百貨公司看到的
西式盤子為設計主題。

※2008 年後改用紙製容器。

不過——
超市採購窗口
這個嘛……
只要有熱水，就能隨時隨地享用熱騰騰的杯麵。
不過，吃飯就是要全家圍著餐桌一起享受用餐時光，
沒必要隨時隨地都能吃吧？
飲食文化會隨著時代改變！我在美國隨處都看到年輕人站著吃漢堡的情景。
站著吃東西太沒家教了吧？
日本遲早會進入飲食方式自由自在的時代！

※起身
ガタッ
絕對不可能。
這款商品沒人會買。
可惡……
不僅如此，在日清食品的內部也──
日清食品
※議論紛紛
ガヤガヤ..
社長砸大錢研發的杯麵根本賣不出去……
你認為原因是什麼？
因為原本的袋裝泡麵只要二十五圓，一百圓太貴了*……
ぬっ
※靠近
んっ
※咦！

*當時大學畢業生的起薪是四萬日圓左右，國鐵（現為ＪＲ）一段票的最低票價為三十日圓。

ゴゴゴゴ
呃！社長！
合味道杯麵太新潮了，目前的市場只是還無法接受。
不過，今天的「非常識」會是明天的常識。
※驚！
好的商品一定會吸引顧客！
※是的！
ハイッ
不要忘了！
我們賣的不是泡麵！
我們賣的是飲食文化！
※人潮擁擠
既然超市和商店不肯賣……
一九七一年十一月，東京銀座——
這個時期的銀座也是對流行敏感度很高的年輕人聚集的地方。
ガヤ
ガヤ

這是日清食品的新商品合味道杯麵！
好好吃！
這種感覺好時髦喔！
是新商品耶！
買來吃吃看吧！
※人聲鼎沸
ざわ…
吃飯應該要坐著吃——
拉麵應該要用筷子吃——
※嗯嗯
ごくっ
今天的「非常識」會是明天的常識。
時代就在我們眼前逐漸轉變中！

那一天在銀座準備的兩萬份杯麵，在一天內就賣完了。
之後，日清食品更在日本各地設置可供應熱水的自動販賣機，讓合味道杯麵更加深入一般人的生活，成為隨處可見的商品。
CUP NOODLE
CUP NOODLE
過不了多久，我就能——
※信心滿滿
打破時代的藩籬！
オオオオオ
ドカァァァ
※砰！

一九七二年二月，
長野縣輕井澤——
發生了一起聯合赤軍*闖入山莊挾持人質的「淺間山莊事件」。電視直播的家庭收視率*創下百分之八十九點七的紀錄，表示日本民眾高度關注這起事件。
目前這裡的氣溫大約零下十五度——
為警視廳機動隊準備的飯糰全都結凍了。
這下子麻煩了……
真希望他們有熱騰騰的食物可以吃……
※登
ハッ

*聯合赤軍：以改革日本社會為目標，於一九七一年組成的武裝組織。在淺間山莊事件中遭到警察壓制殲滅。

*家庭收視率：針對所有家庭調查該時段中有多少家庭正在看電視，但不調查收看哪家電視台或電視節目。

合味道杯麵！

事實上，日清食品也將合味道杯麵賣給警視廳機動隊。
隊員們長時間在寒冷天氣之中執行任務，這款好吃的泡麵可以溫暖他們的身體。
情況如此嚴峻……
我做的合味道杯麵……

溫暖了人們的身心——
一直以來，我堅持的事情，
都是對的！我沒有做錯！

那是什麼？
看起來好好吃。
那款泡麵好方便啊！
※拿
淺間山莊事件打開了合味道杯麵的知名度，許多民眾從電視螢幕中看到了合味道杯麵。
ワイワイ
其他縣警、媒體記者與一般消費者爭相詢問合味道杯麵，很快就搶購一空，根本來不及生產。
開賣後一直乏人問津的合味道杯麵，在上市一年後，
終於一飛衝天，被喻為「長了翅膀的杯麵」，成為熱銷商品。

從此之後，
包括合味道杯麵在內，
泡麵成為救災任務
必備的重要物資。
而且不只是日本，
全世界都這麼做。
・一九九五年，
阪神大地震。
一百零一萬五千包。
・二〇〇四年，
新潟縣中越地震。五萬包。
・二〇〇四年，
印度洋大地震（印尼）。
十八萬兩千五百包。
・二〇〇七年，
新潟縣中越沖地震。
一萬一千包。
・二〇〇八年，
中國汶川大地震。
七十萬包。
・二〇一〇年，
海地地震。十二萬八千包。
・二〇一一年，
東日本大地震。兩百萬包。
・二〇一六年，
熊本地震。約三十萬包。
族繁不及備載。

此外，合味道杯麵
在一九七三年進軍美國市場，
打響第一炮，
接著陸續出口至
巴西、新加坡、
香港、印度、荷蘭、
德國、英國等
國家。
泡麵已經成為
名符其實的
「世界食品」，
展翅高飛。

儘管如此，
百福從未停下
挑戰的腳步。
繼世界之後，
下一步是——

二〇〇一年，百福九十一歲。
記者招待會
您提到您現在還很積極開發新商品，可以談談您目前預定的計畫嗎？
人無論走到哪裡都必須吃飯，就算上了太空也一樣。
您的意思是要開發太空食品嗎？
ニッ
※嘴角上揚
百福跨越國境銷售的泡麵，終於飛出地球，進入外太空。
百福與 NASDA（宇宙開發事業團，現為 JAXA 宇宙航空研究開發機構）共同研發太空食品，最後成功研發出太空泡麵「Space Ram」＊。

＊ Space Ram：「Space」是宇宙、外太空之意；「Ram」是「Ramen」（拉麵）的簡稱。

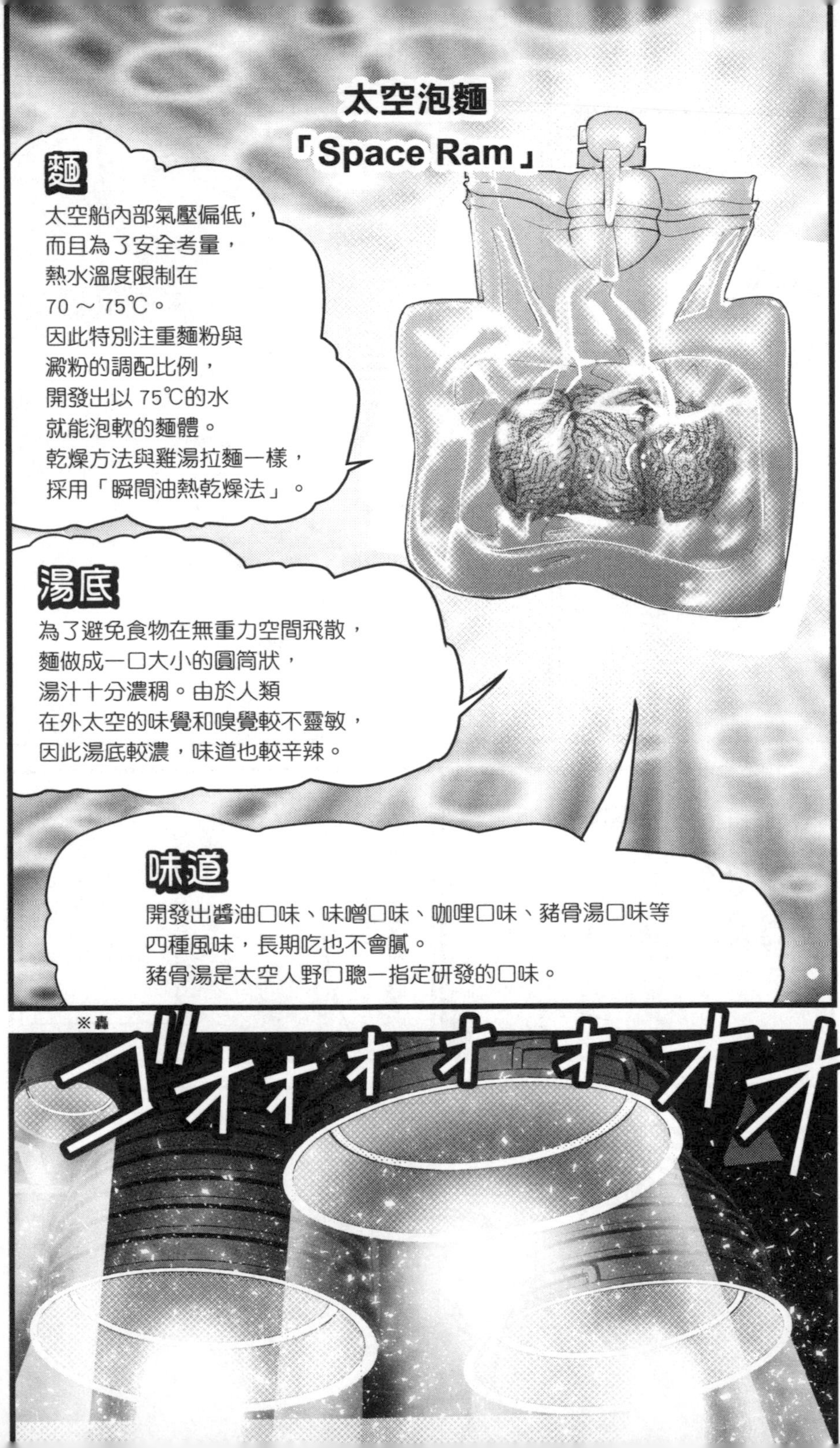

太空泡麵
「Space Ram」
麵
太空船內部氣壓偏低，
而且為了安全考量，
熱水溫度限制在
70 ～ 75℃。
因此特別注重麵粉與
澱粉的調配比例，
開發出以 75℃的水
就能泡軟的麵體。
乾燥方法與雞湯拉麵一樣，
採用「瞬間油熱乾燥法」。
湯底
為了避免食物在無重力空間飛散，
麵做成一口大小的圓筒狀，
湯汁十分濃稠。由於人類
在外太空的味覺和嗅覺較不靈敏，
因此湯底較濃，味道也較辛辣。
味道
開發出醬油口味、味噌口味、咖哩口味、豬骨湯口味等
四種風味，長期吃也不會膩。
豬骨湯是太空人野口聰一指定研發的口味。
※轟
ゴオォォォォオオ

二○○五年「發現號」太空梭升空，太空泡麵「Space Ram」也跟著太空人野口聰一一起飛向宇宙。
歷經千辛萬苦，我的泡麵終於飛向宇宙了！
野口太空人回到地球後，立刻跑去找百福。
Space Ram吃起來味道如何？
完美重現在地球吃到的泡麵味道，讓我相當驚訝，真的很好吃！
※笑咪咪
ニッコリ

終章　食足世平

大阪府池田市，百福自宅。
今天還請多多指教，
謝謝你們在百忙之中過來採訪，我衷心感謝。
那採訪開始——
コホン
※咳咳
對安藤先生來說，發明最重要的條件是什麼？
發明來自靈光乍現，靈光乍現來自執念*。
執念嗎……
*執念：執著太深，無法放下的心。
※目光堅定
沒有執念的人無法發明。

我之前做生意失敗，從四十八歲那年重新開始。
日東商會
從另一角度來看，發明雞湯拉麵，需要四十八年的人生。
六十多歲發明合味道杯麵，九十多歲發明 Space Ram。無論幾歲都能嘗試新的挑戰。
人生永不嫌遲，這一點很重要。
再請教您，您發明雞湯拉麵的那一刻，心情如何？

當時我完全不覺得這是一個發生決定性發明的瞬間。
那個時候我失敗了好幾次，在失敗中不斷往前推進。
只能依靠著微弱的希望，持續前進，如此而已。
安藤先生無論幾歲都充滿活力，請教您維持健康與長壽的祕訣是什麼？
每餐吃八分飽與適量的運動，飲食和運動是維持健康的兩個輪子＊。
有人說泡麵有害身體健康，關於這一點，您有什麼看法？

＊兩個輪子：車子的左右兩個輪子，在此用來形容兩個相輔相成的事物。

我就是最好的例子。
？
スッ
從創業以來，我每天都吃泡麵。
食足世平
即使是現在，我每天中午也會以雞湯拉麵取代湯，或放入米飯做成雞湯燉飯，沒有一天例外。
如你所見，我已經九十多歲了，還是這麼健康。

※撈麵

＊掛軸上的字「食足世平」是百福的親筆墨寶。

食足世平
「食足世平」——這是百福經常說的話。這個世界上沒有比飢餓更痛苦的事情。唯有食物充足，人心才能安定，世界才能和平，這是百福的想法。
百福這一生正是透過「吃」，追求人類的幸福。

二〇〇七年一月五日，
百福的人生落幕了。
歷經波瀾萬丈、高潮起伏
的九十六年歲月，
寫下璀璨的人生軌跡。
百福生前常說：
「我希望能活得健康，
死得健康。」
直到逝世的前一天，
他還是一如往常的
工作著。
不僅如此，
他在逝世前一天
吃的午餐也是——
百福與妻子仁子
雙雙離世後，
有人發現了
仁子晚年所寫的日記。
日記的最後一頁
如此寫道：
我先生拚命經營的日清成功了。

學 習 資 料 館

安藤百福……人物與時代

二十多歲的百福，他很早就是一名成功的實業家。

◉後記◉

永遠如孩子般好奇的安藤百福

日清食品控股株式會社　社長兼 CEO
安藤宏基

安藤宏基

1947 年 10 月 7 日出生，大阪府池田市人。慶應義塾大學商學部畢業，1973 年進入日清食品工作。擔任行銷部長時，參與「日清 U.F.O. 炒麵」、「日清咚兵衛」等人氣商品的開發計畫。2008 年起就任現職。

泡麵如今已成為大家生活中隨處可見的日常食品，但世界上第一個發明泡麵的人，是我的父親安藤百福。只要倒入熱水就能吃的吃法前所未有，發明泡麵可說是最名符其實的革命性創舉。不只幫助忙碌的現代人輕鬆解決飲食問題，也是災害發生時不可或缺的物資。而且不僅日本如此，全世界都一樣。為什麼家父可以成就偉大的事業？容我就記憶所及，娓娓道來家父創業時的情景。

◉一心一意投入研究的父親背影

一九五七年，家父在家後院蓋了一間小屋，成天關在裡面不眠不休的研究雞湯拉麵。那一年我十歲，就讀小學四年級。

家父每天一大早就去小屋，直到半夜才出來，一心一意投入研究，他的背影我到現在都還記憶猶新。由於家父過於認真工作，雖然我只是個小孩，也很不解的想：「爸爸到底什麼時候睡覺啊？」我相信家父就連睡覺時，也滿腦子想著拉麵。他會在枕頭邊放著紅色鉛筆與便條紙，將睡覺時想到的點子立刻記錄下來。

家父只要不滿意就會持續研究，我在他身邊看著他認真對待工作的模樣，有時還會問他：「你在做什麼？」家父也會回我：「無法做出完整的麵條，不知道該怎麼辦。」「泡熱水也沒辦法讓麵變軟。」告訴我他的工作狀況。後院裡堆滿了失敗的試作品。

一九五八年，經歷過無數次失敗，家父終於完成了雞湯拉麵。我們全家總動員，製造出可以實際販售的商品。全家一起幫忙一點都不辛苦，反而讓家裡充滿活絡的氣氛。雖然我們不能吃做好的商品，但工作完成後，我們會將散落的麵屑（我們戲稱為鬚鬚）收集起來，倒入熱水吃。對我們來說，這是最大的樂趣。

完成的雞湯拉麵商品廣受好評。不過，當時對於「倒入熱水就能吃」的調理法，消費者的看法很兩極，一派認為「這個商品太棒了」，另一派則覺得「料理怎麼可以偷工減料，這會破壞日本的飲食文化」。合味道杯麵上市時，也引發了相同論戰。只要市場上出現前

百福實際使用的工具（復刻重現版）

▲製作麵條的製麵機

▲蒸麵的鍋子和蒸籠（左後方）
將湯淋在麵上的澆花器（右後方）
將麵放入鍋中油炸的金屬模具（左前方是初期使用的 1 包用模具，後來使用右前方的 6 包用模具）

所未見或顛覆常識的商品，不只會吹起跟風潮，一定也會遇到逆風的挑戰。幸好雞湯拉麵很快就突破逆風，成為熱銷商品。

◉思考、思考、再思考！

家父只要想做一件事，無論花一個月、兩個月，都會絞盡腦汁想出好點子。這是他的個性。平凡無奇或是誰都想得到的商品無法讓消費者驚豔，也無法受到青睞。唯有超越常識的全新創意，才能打動消費者，讓消費者驚呼「這個太棒了」。想出好點子沒有捷徑，只能不斷思考。家父經常對我和身邊的部屬說：「思考、思考、再思考！」

將泡麵送到世界各地受到災害影響的災民手中。（上方照片為援助中國福建省的颱風受災戶；下方照片則是援助海地的颶風災民。皆為 2016 年。）

◉打倒杯麵！

一九八五年，我三十七歲，從家父手中接下日清食品社長的職務。我當著員工的面宣示：「我要打倒杯麵！」不可諱言的，杯麵是家父創造的偉大商品。但如果一味的依賴杯麵，公司無法成長。唯有積極開發比杯麵更好的熱銷商品，鼓勵員工相互競爭，公司才會變強。不料，這句話惹惱了家父，他罵我：「你說要打倒我做的商品，這是什麼意思？我不是為了這個讓你當上社長！」儘管我拚命對家父說，杯麵不是說打倒就打倒的羸弱商品；而且只要公司開發出競爭商品，杯麵與公司都會變得更強，但家父還是無法接受。我們父子之間劍拔弩張的狀態持續了兩、三個月。

在公司經營上，我和家父時常意見相左。家父常跟我說：「時間就是生命，時鐘上的指針指出的不是時間，而是生命。」當時我的年輕很輕，資歷尚淺，認為事情沒有這麼急迫，接受不了家父的意見。後來當我年紀漸長，逐漸步入家父當時的年齡，才終於理解家父的想法。他對我說過許多嚴厲的話，其實仔細思考就會發現其中帶有滿滿的愛，所以我慢慢的能夠接受他的意見。

開心的訴說著與父親百福之間的回憶。

雞湯拉麵的湯底選擇雞肉風味也是有原因的。小的時候媽媽在庭院裡養雞，還會殺雞給我們吃，我一直覺得這個做法很殘忍，儘管這在當時是很稀鬆平常的事情，但我還是排斥吃雞肉。由於雞肉營養豐富，家父想盡辦法讓我吃雞，才選擇雞湯做為湯底，因為煮成湯我就吃不出原料是雞肉。這是雞湯拉麵的原點，也是父親愛的表現。

◉杯麵會進化

如今合味道杯麵已經飛越大海，成為全球熱銷的商品，品牌系列商品創下累計突破四百億包的銷售紀錄。家父總是說「杯麵會進化」，要是家父現在還活著，他一定會持續思考新的杯麵點子。相信他會關注環保與營養，並且以「友善」為主題，研發新的杯麵。像是杯體使用萃取自植物的可分解材質，吃完泡麵後杯子也不會汙染地球，開發出友善地球的杯麵商品。

◉保持興趣、抱持質疑是最重要的心態

最後，我要給閱讀這本介紹安藤百福生平的漫畫書，而且「想研發創新發明」的讀者一些建議。

家父每完成一項工作，就會立刻尋找下一個新點子，完全不休息。他總是抱持著孩子般的好奇心，對任何事物都深感興趣。若想發明新商品，保持興趣、抱持質疑是最重要的心態。請務必徹底深究自己感興趣的事物，即使是大家認為理所當然的事情或常識，也請停下來問問自己「為什麼會這樣？」，弄清楚「真的是這樣嗎？」，千萬不能忘

好奇心旺盛的百福為了探索麵的起源，前往中國等地進行調查。更在山東省體驗親手製麵的過程。

記質疑常識的心。抱持質疑，探究「為什麼？」「為什麼會這樣？」的好奇心，是發明的必備條件。

如果其他人一點都不關心你感興趣的事情，請不要在意，其實這是一件好事。日清食品有一句標語是「CRAZY MAKES THE FUTURE」。無論在哪個時代，改變世界、創造未來都是個人「熱血」的表現。或許別人會說「你的想法太天真」，但事實上，正是這股傻勁，我們才能創造美好的未來。我認為，家父親身實踐了這一點。

百福的基因仍傳承下去。

此外，當你想要創造發明，請不要害怕失敗，家父研發的新商品並不是樣樣熱銷。花了大約一年研發的「杯飯」上市沒多久，家父就主動以「這個商品不受消費者青睞」為由停止販售，造成極大損失。

重點不是不失敗，而是從失敗中得到教訓。

我認為唯有像家父安藤百福一樣，專注眼前、全心投入，無論失敗或成功都能樂在工作的人，才能發明新事物。

◉學習人物指南 日本領先世界創造偉大發明的「〇〇之父」

三島海雲［1878～1974］ 日本第一款乳酸菌飲料「可爾必思」發明者

出生於大阪府，父親為寺廟住持。一九〇二年前往中國擔任老師，販售日本雜貨。因工作關係造訪蒙古時，接觸到當地遊牧民族每天都喝的酸奶。海雲因長途旅程的疲累，身體相當不適，但每天喝酸奶後，竟很快恢復健康。這是他第一次接觸乳酸菌飲料的經驗。回國後，海雲以乳酸菌為原料，研發健康美味的商品，最後在一九一九年推出「可爾必思」飲料。可爾必思可說是日本最受歡迎的國民飲料，有百分之九十九點七的日本人都曾喝過（可爾必思公司市調）。一九六四年趁著舉辦東京奧運的機會，可爾必思正式進軍海外市場，深受全球大約十九個國家的青睞。

小知識

「可爾必思」（CALPIS）名稱的由來。取自鈣（Calcium）的Cal與佛教中帶有「極致美味」之意的「sarpir-manda」（醍醐味），也有一說是結合帶有第二種味道之意的「salpis」（熟酥）。這款商品名稱充滿僧侶出身的三島海雲個人風格。

池田菊苗［1864～1936］ 發現第五味覺「鮮味」的化學家

父親是薩摩藩（現為鹿兒島縣）的武士，出生於京都。長久以來大家都認為基本味覺共有四種，包括甜味、鹹味、苦味與酸味，但菊苗認為應該還有其他不同的味道。一九〇八年，擔任東京帝國大學（現為東京大學）教授時，他發現昆布含有的味道成分「麩胺酸」，並將該味道命名為「鮮味」。「味之素」就是以麩胺酸為原料所製成的商品。鮮味在其生前並未獲得認可，直到二〇〇〇年，才由國外研究家將鮮味正式定義為味覺的一種。二〇一三年，聯合國教科文組織將「和食」列為無形文化遺產後，有越來越多人重視鮮味，如今世界各國也接受了第五味覺「鮮味（UMAMI）」的存在。

小知識

菊苗曾經說過，由於他是京都人，所以對於京都料理經常使用的昆布高湯十分感興趣，這是他注意到昆布的原因。鮮味的研究使菊苗躋身「日本十大發明家」之列。

島秀雄【1901～1998】

製造出夢幻超特急「新幹線」的工程師

大阪府人。東京帝國大學（現為東京大學）畢業後，追隨父親腳步，進入鐵道省（後來的國鐵，現為JR）任職。一九三六年開發出被譽為蒸汽火車最高傑作的「D51型」（日本鐵道迷暱稱為Dekoichi），之後短暫離開國鐵，在第四任國鐵總裁十河信二的熱情呼喚下，回任副總裁層級技師長，指揮串聯東京與大阪的新幹線計畫。一九六四年，東海道新幹線開通，其打造的「光」號列車以全球首創時速兩百一十公里正式營運。日本新幹線的安全性與高速性在全世界受到高度評價，法國、德國等國家紛紛參考其技術，打造高速鐵路。

小知識

十河與島秀雄皆未出席光號列車的通車典禮。十河在前一年因預算超出，扛責下台，辭去總裁一職，島秀雄也隨之辭職。後來，一九六九年，島秀雄出任宇宙開發事業團（現為宇宙航空研究開發機構＝JAXA）的第一任理事長。

屋井先藏【1863～1927】

在甲午戰爭贏得勝利 傳說中的「乾電池」王

出生於長岡藩（現為新潟縣長岡市）。由於那個年代沒有準時的鐘錶，參加考試只要遲到就會被評為不及格，因此他在鐘錶店工作時，一直希望能考進東京職工學校（現為東京工業大學）就讀。這個經驗讓他開發出利用電力維持精準時刻的「連續電力時鐘」。不過，當時的電池是在玻璃瓶或陶罐裡放入液體（溼電池），不僅維護麻煩，冬天還會結冰，無法使用，缺點不少。基於這個緣故，屋井投入電池研究的工作，於一八八七年發明了「屋井乾電池」。由於媒體報導「甲午戰爭的勝利全歸功於乾電池」，使得屋井發明的乾電池備受注目，成為聞名國內外的「乾電池王」。遺憾的是，屋井在一九二七年驟逝，由於後繼無人，市面上已經沒有他發明的商品。

小知識

屋井是第一個發明乾電池的人，受到資金不足等因素影響，花了許多時間才取得專利權（一八九三年取得）。在屋井發明乾電池的隔年，也就是一八八八年，德國咖斯納等人也在海外取得乾電池的專利權。日本的高橋市三郎也在一八九二年取得專利權。

年表

安藤百福的時代

西元（日本年號）	年齡	百福的一生
1910（明治43）年	0	3月5日，在日本統治下的台灣出生。
1924（大正13）年	14	高等小學畢業，開始在爺爺經營的和服店裡幫忙。
1930（昭和5）年	20	在圖書館擔任管理員，2年後辭職。
1932（昭和7）年	22	在台灣的台北市開設「東洋莫大小」公司。
1933（昭和8）年	23	在日本大阪設立「日東商會」。
1942（昭和17）年	32	因莫須有的罪名遭到憲兵隊拘留，歷經九死一生，最終獲得釋放。
1945（昭和20）年	35	與仁子結婚。 在大阪府梅田市的黑市，發現大排長龍的拉麵攤。
1946（昭和21）年	36	開始製鹽與從事漁業。
1948（昭和23）年	38	設立「中交總社」（隔年更名為「SUNSEA殖產」）。
1951（昭和26）年	41	就任大阪信用合作社理事長。
1957（昭和32）年	47	信用合作社破產，幾乎失去所有財產。 著手開發「雞湯拉麵」。

世界大事

- **1895年** 日本開始統治台灣（～1945年）。
- **1910年** 日韓合併，設置韓國總督府。哈雷彗星接近地球。
- **1914年** 第一次世界大戰開始。（～1918年）。
- **1929年** 世界經濟大蕭條開始。
- **1937年** 日中戰爭開始。
- **1938年** 國家總動員法案通過。
- **1939年** 第二次世界大戰開始（～1945年）。
- **1941年** 太平洋戰爭開始（～1945年）。
- **1945年** 日本接受波茲坦宣言，宣告終戰。
- **1954年** 神武景氣(1)（～1957年）。

※ 參考《日清食品 50 年史 1958 － 2008》等書製作而成。

(1) 神武景氣：日本 1954 年 12 月至 1957 年 6 月間出現的戰後第一次經濟發展高潮，是高度經濟成長時期的開始。

1958（昭和33）年	48	8月25日「雞湯拉麵」正式上市。「SUNSEA 殖產」更名為「日清食品」。
1961（昭和36）年	51	「雞湯拉麵」商標登錄確定。
1962（昭和37）年	52	取得「調味乾麵製法」與「速食拉麵製造法」的專利權。
1963（昭和38）年	53	發售「日清炒麵」。
1966（昭和41）年	56	到美國超市視察，獲得發明「合味道杯麵」的靈感。
1968（昭和43）年	58	發售「出前一丁」。
1971（昭和46）年	61	9月18日，「合味道杯麵」正式上市。
1972（昭和47）年	62	因淺間山莊事件使得「合味道杯麵」成為眾所矚目的焦點。
1985（昭和60）年	75	將日清食品社長職位交棒給兒子宏基，專心擔任會長一職。
1987（昭和62）年	77	為了調查麵食的起源和傳播路徑，組成「麵路調查團」，前往中國等地採訪。
1999（平成11）年	89	「泡麵發明紀念館」（現為合味道紀念館大阪池田）開幕。
2003（平成15）年	93	「合味道杯麵」品牌系列商品行銷全世界，銷售累積兩百億包以上。
2005（平成17）年	95	「發現號」太空梭升空，「Space Ram」也跟著太空人野口聰一飛向宇宙。
2007（平成19）年	96	1月5日，因急性心肌梗塞逝世。

1956年	《經濟白皮書》寫道「如今已非戰後」。大阪通天閣重建。
1958年	岩戶景氣(2)（～1961年）。東京鐵塔竣工。
1960年	池田勇人內閣提出「所得倍增政策」。
1964年	東海道新幹線開通。舉辦東京奧運。
1965年	伊奘諾景氣(3)（～1970年）。
1969年	東名高速道路全線開通。
1970年	舉辦日本萬國博覽會。
1971年	日本麥當勞一號店在銀座三越開幕。
1974年	日本第一家超商7-11一號店在豐洲開幕。
1995年	發生阪神大地震。
2001年	美國發生九一一恐怖攻擊事件。
2004年	發生新潟縣中越地震。
2007年	發生新潟縣中越沖地震。

(2) 岩戶景氣：日本 1958 年 7 月至 1961 年 12 月間，戰後的第二次經濟發展高潮。
(3) 伊奘諾景氣：日本 1965 年 11 月到 1970 年 7 月期間，連續五年的經濟增長時期。

大人物養成漫畫 ❷

泡麵發明家——安藤百福

- 漫畫／田中顯
- 編撰／水野光博
- 翻譯／游韻馨
- 發行人／王榮文
- 出版發行／遠流出版事業股份有限公司
- 地址：台北市南昌路 2 段 81 號 6 樓
- 電話：(02)2392-6899 傳真：(02)2392-6658 郵撥：0189456-1
- 著作權顧問／蕭雄淋律師

參考文獻（未按順序）
《魔法拉麵發明物語　我的履歷表》安藤百福（日本經濟新聞出版社）
《跌倒也不要平白站起來！——定本 · 安藤百福》安藤百福發明紀念館／編（中央公論新社）
《打倒日清杯麵！第二代社長所提出激怒創辦人的行銷流派》安藤宏基（中央公論新社）
《雞湯拉麵的老婆　實錄　安藤仁子》安藤百福發明紀念館／編（中央公論新社）
《日清食品 50 年史 1958 － 2008》日清食品株式會社　社史編纂計畫／編（日清食品株式會社）等

2020 年 10 月 1 日 初版一刷

定價／新台幣 280 元 （缺頁或破損的書，請寄回更換）

ISBN 978-957-32-8872-5

YLib 遠流博識網 http://www.ylib.com E-mail:ylib@ylib.com

学習まんが人物館 安藤百福

- 發行所／台灣小學館股份有限公司
- 總經理／齋藤滿
- 產品管理／黃馨瑝
- 責任編輯／李宗幸
- 美術編輯／蘇彩金

國家圖書館出版品預行編目 (CIP) 資料

泡麵發明家——安藤百福 / 水野光博編撰 ; 田中顯漫畫 ;
游韻馨翻譯 . -- 初版 . -- 臺北市 : 遠流 , 2020.10
面 ;　公分 . --（大人物養成漫畫 ; 2）

譯自 : 学習まんが人物館 安藤百福
ISBN 978-957-32-8872-5(平裝)

1. 安藤百福　3. 傳記 4. 日本

783.18　109013570

※ 本書為 2019 年日本小學館出版的《安藤百福》台灣中文版，在台灣經重新審閱、編輯後發行，因此少部分內容與日文版不同，特此聲明。

安藤百福 名言語錄

人生永不嫌遲

四十八歲發明雞湯拉麵，六十一歲發明合味道杯麵，九十五歲發明 Space Ram——

百福在人生後半場發明許多新商品。

他說：「發明雞湯拉麵，

需要四十八年的人生。」

正因為年輕時嘗試許多挑戰，歷經無數失敗，

才能獲得極大成就。

跌倒也不要平白站起來！

這句話還有下一句。

「跌倒也不要平白站起來！抓一把身邊的土過來！」

百福經常將這句話掛在嘴邊。

大家常說「失敗為成功之母」，失敗本身並沒有錯，

不過，絕不能以失敗告終。

重點在於，無論多小的事情，都要從中得到教訓和啟發。